En el nombre de Di

UNA BREVE GUÍA ILUSTRADA PARA ENTENDER EL ISLAM

La traducción al castellano del libro en inglés,
A Brief Illustrated Guide To Understanding Islam,
2da Edición, de I. A. Ibrahim
Traducido por Anas Amer Quevedo

Editores Generales De La Versión Inglesa

Dr. William (Dawud) Peachy

Michael (Abdul Hakim) Thomas

Tony (Abu Jalil) Silvestre

Idris Palmer

Jamaal Zarabozo

Ali al-Timimi

Editores Científicos De La Edición Inglesa

Profesor Harold Stewart Kuofi

Profesor F. A. State

Profesor Mahyub O. Taha

Profesor Ahmad Allam

Profesor Salman Sultan

Profesor Asociado H. O. Sindi

IIPH
Raleigh

Derechos Reservados

Para Reimprimir este libro.

La reimpresión o reproducción de este libro está permitida de forma gratuita a condición de que no sea hecho absolutamente ningún cambio, adición, u omisión en él. Si se desea hacer reimpresiones de alta calidad de este libro, sírvase contactar al autor para obtener copias gratuitas de los archivos computarizados de impresión del mismo (la dirección se encuentra en la página 85).

La página Web de este libro.

Este libro en su totalidad, así como información adicional sobre el Islam, se encuentran disponibles en:

www.islam-guide.com/es

1ra Edición - 2da Impresión

ISBN: 9960-44-742-1

ISBN de la edición inglesa: 9960-34-011-2

Publicado por IIPH, Raleigh, NC, USA.

CONTENIDOS

Capítulo 3

INFORMACIÓN GENERAL SOBRE EL ISLAM . 55

PREFACIO

Este libro es una breve guía para entender el Islam y está dividido en tres Capítulos.

El primer capítulo: **Algunas evidencias de la veracidad del Islam**, contesta algunas importantes preguntas que algunas personas hacen:

- ¿Es el Corán verdaderamente la literal palabra de Dios, revelada por Él mismo?

- ¿Es Muhammad ﷺ[1] verdaderamente un profeta enviado por Dios?

- ¿Es el Islam verdaderamente una religión de Dios?

En este capítulo, seis tipos de evidencia son mencionados:

1) **Los milagros científicos en el Sagrado Corán:** Esta sección analiza verdades científicas (algunas recientemente descubiertas) mencionadas en el Santo Corán que fue revelado hace catorce siglos.

2) **El Gran Desafío: El de producir un capítulo igual a cualquiera de los capítulos del Sagrado Corán:** Dios desafía, en el Santo Corán, a todos los seres humanos a que produzcan o imiten un solo

---

(1) Estas palabras en idioma árabe ﷺ significan, 'Que Dios exalte su mención y que lo proteja de las imperfecciones.'

capítulo igual a cualquiera de los capítulos del Corán. Desde que el Corán fuera revelado catorce siglos atrás, hasta hoy en día, nadie ha sido capaz de vencer este desafío, aunque el capítulo más corto del Corán (el capítulo 108) tiene tan sólo diez palabras.

3) **Las profecías bíblicas sobre el advenimiento de Muhammad ﷺ, el Profeta del Islam:** En esta Sección algunas de las profecías bíblicas sobre el advenimiento del Profeta Muhammad ﷺ son analizadas.

4) **Los versos coránicos que mencionan eventos futuros que ocurrieron posteriormente:** El Corán menciona eventos futuros que posteriormente ocurrieron, por ejemplo: la victoria de los Romanos sobre los Persas.

5) **Los milagros realizados por el Profeta Muhammad ﷺ:** El Profeta realizó muchos milagros, los cuales fueron presenciados por mucha gente.

6) **La vida sencilla de Muhammad ﷺ:** Esto claramente indica que Muhammad ﷺ, no era un falso profeta que pretendió la profecía para alcanzar ganancias materiales, grandeza o poder.

De estos seis tipos de evidencia podemos concluir que:

- El Corán debe ser la literal palabra de Dios, revelada por Él mismo.

- Muhammad ﷺ es verdaderamente un Enviado de Dios.

- El Islam es verdaderamente una religión que viene de Dios.

Si uno desea saber si una religión es verdadera o falsa, no debe dejarse llevar por las emociones, sentimientos o tradiciones. En vez de eso uno debe apoyarse en la razón y la inteligencia. Cuando Dios envió a los profetas, los respaldó con milagros y evidencias que prueban que ellos son realmente profetas enviados por Dios y por lo tanto que la religión que trajeron es verdadera.

El segundo Capítulo, **"Algunos beneficios del Islam"**, menciona algunos de los beneficios que el Islam trae al individuo tales como:

1) La entrada al Paraíso eterno

2) La salvación del castigo del Fuego el Infierno

3) La Felicidad y la verdadera paz interior

4) El perdón de todos los pecados anteriores.

En el capítulo tercero, **Información General sobre el Islam**, se provee información sobre el Islam, se corrigen algunos conceptos errados sobre el mismo y se responden algunas preguntas comúnmente formuladas, tales como:

- ¿Que es lo que el Islam dice sobre el terrorismo?

- ¿Cuál es la posición de la mujer en el Islam?

Capítulo 1

ALGUNAS EVIDENCIAS DE LA VERACIDAD DEL ISLAM

Dios respaldó a Su último Profeta Muhammad ﷺ, con muchos milagros y muchas evidencias que prueban que él es un verdadero Profeta enviado por Dios. Así también respaldó a Su último libro revelado, el Corán, con muchos milagros que prueban que el Corán es la literal palabra de Dios, revelada por Él, y que no fue escrito por ningún ser humano, este capítulo analiza esa evidencia

(1) Los milagros científicos en el Sagrado Corán

El Corán es la palabra literal de Dios, que Él reveló a Su Profeta Muhammad ﷺ, a través del Arcángel Gabriel. El Corán fue memorizado por Muhammad ﷺ, quien luego, lo dictó a sus compañeros. Ellos a su vez lo memorizaron, lo escribieron y lo repasaron con el Profeta ﷺ. Más aún, El Profeta ﷺ repasaba el Corán con el Arcángel Gabriel, una vez cada año, y dos veces el último año de su vida. Desde que fuera revelado hasta nuestros días, siempre ha habido una gran cantidad de musulmanes que han memorizado el Corán letra por letra. Algunos de ellos han sido capaces de memorizar todo el Corán a la edad de 10 años. Ni una letra del Corán ha sido cambiada en el transcurso de todos estos siglos.

El Sagrado Corán

El Corán, que fuera revelado catorce siglos atrás, menciona

hechos científicos recientemente descubiertos o comprobados por los científicos. Esto prueba sin duda que el Corán debe ser la literal palabra de Dios y que el Corán no fue escrito por Muhammad ﷺ o por ningún otro ser humano. Esto también prueba que Muhammad ﷺ es verdaderamente un profeta de Dios. Esta más allá de la razón que alguien haya tenido conocimiento, 1400 años atrás, de estas verdades científicas descubiertas o probadas tan solo recientemente con maquinarias avanzadas y métodos científicos sofisticados. Mencionaremos algunos ejemplos a continuación.

A) El Corán y el desarrollo embriónico humano:

En el Sagrado Corán Dios habla sobre las etapas del desarrollo embriónico del hombre:

> ❴ **En verdad creamos al hombre de una esencia extraída del barro. Luego hicimos que fuera una gota dentro de un receptáculo seguro. Luego transformamos la gota en un *'alaqah* (sanguijuela, algo que cuelga y un coágulo de sangre), creando un *mudgah* (sustancia como masticada)...** ❵[1] (Corán, 23:12-14)

La palabra árabe *'alaqah* tiene 3 significados literales: (1) Sanguijuela, (2) Algo que cuelga, (3) Un coágulo de sangre.

Al comparar a una sanguijuela con el embrión en la etapa del *'alaqah*, encontramos similitudes entre los dos[2] como podemos ver en la figura 1, también, el embrión en esta etapa obtiene su

---

(1) Por favor, nótese que todo lo que se encuentra entre estos paréntesis especiales ❴...❵ en este libro es tan solo la traducción de los significados del Sagrado Corán. No es el Corán en si, el cual está en idioma árabe.

(2) *The Developing Human* [El Humano en desarrollo], Moore y Persaud, 5ta Ed., p. 8.

alimentación de la sangre de la madre, al igual que la sanguijuela, que se alimenta de la sangre de otros.[1]

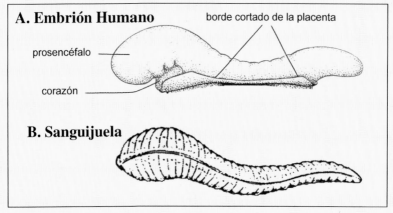

Capítulo 1
Algunas evidencias de la veracidad del Islam

Figura 1: Dibujos que ilustran las similitudes existentes entre una sanguijuela y el embrión humano en la etapa del *'alaqah*. (Dibujo de la sanguijuela tomado de *Human Development as Described in the Quran and Sunnah* [El Desarrollo Humano como fuera descrito en el Corán y la *Sunnah*], Moore y otros, p. 37, modificado de *Integrated Principles of Zoology* [Principios Integrados de Zoología], Hickman y otros. Dibujo del embrión tomado de *The Developing Human,* Moore y Persaud, 5ta ed., p. 73.)

El segundo significado de la palabra *'alaqah* es "algo que cuelga". Esto es lo que podemos ver en las figuras 2 y 3, la suspensión del embrión, durante la etapa del *'alaqah*, en el útero de la madre.

El tercer significado de la palabra *'alaqah* es "Coágulo de Sangre". Encontramos que la apariencia externa del embrión y sus sacos durante la etapa del *'alaqah* es similar a la de un coágulo de Sangre. Esto es debido a la presencia de relativamente grandes cantidades de sangre presentes en el embrión durante esta etapa[2] (ver figura 4). También durante esta etapa, la sangre del embrión

(1) *Human Development as Described in the Quran and Sunnah*, [El Desarrollo Humano como fuera descrito en el Corán y la *Sunnah*], Moore y otros, p. 36.

(2) *Human Development as Described in the Quran and Sunnah* [El Desarrollo Humano como fuera descrito en el Corán y la *Sunnah*], Moore y otros, pp. 37-38.

Figura 2: En este diagrama se ve la suspensión del embrión durante la etapa del 'alaqah en el útero de la madre. (*The Developing Human* [El Humano en desarrollo], Moore y Persaud, 5° ed., p. 66.)

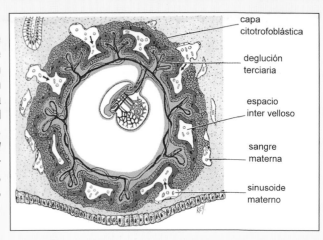

capa citotrofoblástica

deglución terciaria

espacio inter velloso

sangre materna

sinusoide materno

Figura 3: En la micrografía podemos observar la suspensión de un embrión (marcado B), durante la etapa del 'alaqah (más o menos 15 días de edad) en el útero. El tamaño real del embrión es más o menos de 0,6 mm. (*The Developing Human* [El Humano en desarrollo], Moore, 3° ed., p. 66, modificado levemente en *Histology* [Histología], Leeson y Leeson, p. 479)

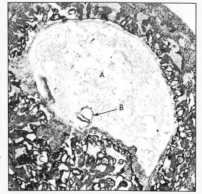

Figura 4: Diagrama del primitivo sistema cardiovascular en el embrión durante la etapa del 'alaqah, la apariencia externa del embrión y sus sacos es similar a la de un coágulo de sangre debido a la gran cantidad de sangre presente en él. (*The Developing Human* [El Humano en desarrollo], *Moore*, 5° ed., p. 65.)

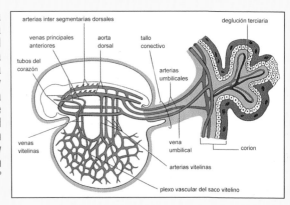

arterias inter segmentarias dorsales

deglución terciaria

venas principales anteriores

aorta dorsal

tallo conectivo

tubos del corazón

arterias umbilicales

venas vitelinas

vena umbilical

corion

arterias vitelinas

plexo vascular del saco vitelino

no circula hasta el final de la tercera semana.[1] Por lo tanto, el embrión en esta etapa es como un coágulo de sangre.

Entonces, como vemos, los tres significados de la palabra '*alaqah* corresponden detalladamente a la descripción del embrión en la etapa del '*alaqah*.

La próxima etapa mencionada en el versículo es la etapa de *mudgah*. La palabra árabe *mudgah* significa: "una sustancia como masticada". Si uno tomase una goma de mascar, la masticara en su boca y después la comparase con el embrión durante la etapa del *mudgah,* concluiríamos que el embrión durante la etapa del *mudgah* toma la apariencia de una sustancia como masticada; debido a las somitas (vértebras primitivas) que se encuentran en la espalda del embrión que "parecen las marcas dejadas por los dientes en una sustancia masticada."[2] (ver figuras 5 y 6).

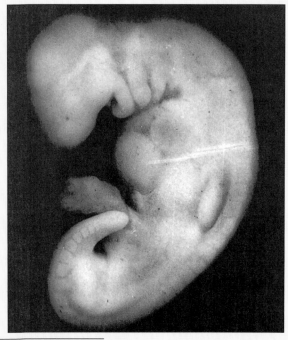

Figura 5: Fotografía de un embrión con 28 días de edad en la etapa del *mudgah*. El embrión en esta etapa es similar en apariencia a una sustancia masticada debido a que las somitas en la espalda del embrión se parecen en cierta forma a las marcas dejadas por los dientes en una sustancia masticada. El tamaño del embrión en esta etapa es de 4 mm. (*The Developing Human* [El Humano en desarrollo], Moore y Persaud, 5° edición, p. 82, de el Profesor Hideo Nishimura, Universidad de Kyoto, Kyoto, Japón.)

(1) *The Developing Human* [El Humano en desarrollo], Moore y Persaud, 5ta ed., p. 65.
(2) *The Developing Human* [El Humano en desarrollo], Moore y Persaud, 5ta ed., p. 8.

Capítulo 1
Algunas evidencias de la veracidad del Islam

Figura 6: Al comparar la apariencia de un embrión en la etapa del *mudgah* con un pedazo de goma de mascar que ha sido masticada, encontramos similitud entre ambas. **A)** Dibujo de un embrión en la etapa del *mudgah*. Podemos ver las somitas en la espalda del mismo que parecen las marcas dejadas por los dientes. (*The Developing Human* [El Humano en desarrollo], Moore y Persaud, 5° edición, p. 79) **B)** Fotografía de un pedazo de goma de mascar que ha sido masticada.

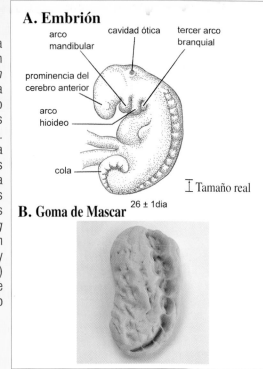

A. Embrión

arco mandibular · prominencia del cerebro anterior · arco hioideo · cavidad ótica · tercer arco branquial · cola

Ⅰ Tamaño real

26 ± 1dia

B. Goma de Mascar

¿Como pudo Muhammad ﷺ saber todo esto hace 1400 años, cuando los científicos lo han descubierto recientemente, utilizando equipos avanzados y poderosos microscopios que no existían entonces? Hamm y Leeuwenhoek fueron los primeros científicos en observar las células del esperma humano (espermatozoos), al utilizar un microscopio mejorado en 1677 (más de 1000 años después de Muhammad ﷺ). Ambos, pensaron equívocamente que el espermatozoide contenía un ser humano en miniatura que crecería cuando fuera depositado dentro del genital femenino.[1]

El profesor Keith L. Moore[2] uno de los más prominentes científicos del mundo en los campos de la anatomía y la

(1) *The Developing Human* [El Humano en desarrollo], Moore y Persaud, 5ta ed., p. 9.

(2) Nota: Los cargos ocupados por todos los científicos mencionados en este web site corresponden al año 1997.

embriología, autor del libro titulado: *The Developing Human* [El Humano en desarrollo], que ha sido traducido a ocho idiomas. Este libro es considerado un trabajo científico de referencia y fue escogido por un comité especial en los Estados Unidos como el mejor libro escrito por una sola persona (sobre el tema). El Dr. Keith Moore es catedrático de Anatomía y Biología celular en la Universidad de Toronto, en Toronto Canadá. En 1984, recibió el más distinguido premio que se otorga en el campo de la anatomía en Canadá, el I.C. B. Grand Award de la Asociación Canadiense de Anatomistas. El Dr. Moore pertenece también a la Asociación Canadiense - Norteamericana de Anatomistas y el Consejo de la Unión de Ciencias Biológicas.

En 1981, durante la Séptima Conferencia Médica en Damman, Arabia Saudita, el Profesor Moore expresó: "Ha sido un gran placer para mi el poder ayudar a clarificar algunas afirmaciones del Corán sobre el desarrollo humano. Es claro para mí, que estas afirmaciones le deben haber llegado a Muhammad ﷺ de Dios (Allah), porque casi todo este conocimiento no fue descubierto sino muchos siglos después. Esto me comprueba que Muhammad ﷺ debe haber sido un mensajero de Dios."[1]

Consecuentemente, le fue hecha al Profesor Moore la siguiente pregunta: "¿Quiere esto decir que Usted cree que el Corán es la palabra de Dios?, él entonces contesto: "No encuentro ninguna dificultad en aceptarlo."[2]

Durante una conferencia el Prof. Moore afirmo: "Puesto que las etapas en el desarrollo del embrión humano son muy complejas, debido al continuo proceso de cambio durante el crecimiento, se puede proponer el desarrollo de un nuevo sistema de clasificación, utilizando los términos mencionados en el Corán y la *Sunnah* (lo

---

(1) La fuente de este comentario es el video *This is the Truth* [Esta es la verdad]. Visite **www.islam-guide.com/es/verdad** para conseguir una copia de este vídeo o para ver segmentos de vídeo de los comentarios del Profesor Keith Moore online en inglés.

(2) *This is the Truth* [Esta es la verdad] (el vídeo).

que Muhammad ﷺ dijo, hizo o aprobó). El sistema propuesto es simple, comprensible y en conformidad con el conocimiento embriológico actual. Los intensos estudios sobre el Corán y el *Hadiz* (transmisiones confiables de los compañeros del Profeta ﷺ de lo que dijo, hizo o aprobó), en los últimos 4 años han revelado un sistema de clasificación del desarrollo embrionario humano, que es impresionante, considerando que fue registrado en el siglo séptimo de la era común. A pesar de que Eric Statle, el fundador de la ciencia de la embriología, se dio cuenta que los embriones de pollo se desarrollaban en etapas, a partir de sus estudios sobre huevos de gallina, éste no dio ningún detalle sobre esas etapas. De lo que se sabe de la historia de la embriología, poco era conocido sobre las etapas y la clasificación de los embriones humanos hasta el siglo XX. Por esa razón las descripciones del embrión en el Corán no pueden estar basadas en el conocimiento científico del siglo séptimo. La única conclusión razonable es que estas descripciones le fueron reveladas a Muhammad ﷺ por Dios. Él no pudo haber conocido tales detalles porque era una persona analfabeta sin ninguna formación científica."[1]

B) Lo que el Corán dice sobre las montañas:

El libro titulado *Earth* [La Tierra] es considerado un texto básico de referencia en muchas universidades alrededor del mundo. Uno de los autores de este libro es Frank Press, actual Presidente de la Academia de Ciencias en los Estados Unidos. Fue el asesor científico del ex presidente de los Estados Unidos, Jimmy Carter. Su libro dice que las montañas tienen raíces (subterráneas).[2] Estas raíces están Profundamente metidas en el suelo por lo tanto las montañas tiene la forma de una estaca (Ver Fig. 7, 8 y 9).

---

(1) *This is the Truth* [Esta es la verdad] (el vídeo). Para que consiga una copia, vea la nota de pie núm. 9, p. 10.

(2) *Earth* [La Tierra], Press y Siever, p. 435. También ver *Earth Science* [Ciencia de la Tierra], Tarbuck y Lutgens, p. 157.

Figura 7: Las montañas tiene profundas raíces bajo la superficie terrestre. (*Earth* [La Tierra], Press y Siever, p. 413.)

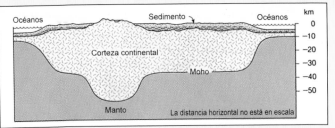

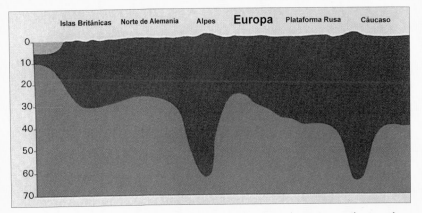

Figura 8: Corte esquemático. Las montañas, al igual que las estacas, tienen raíces profundas, enterradas en el suelo. (*Anatomy of the Earth* [Anatomía de la Tierra], Cailleux, p. 220.)

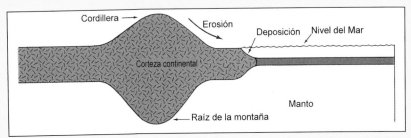

Figura 9: Otra ilustración muestra como las montañas tienen forma de "estaca", debido a sus profundas raíces. (*Earth Science* [Ciencia de la Tierra], Tarbuck y Lutgens, p. 157.)

Así es como el Corán describe a las montañas. Dios dice en el Corán:

❰ ¿Acaso no hemos hecho de la tierra un lecho, (y) hemos puesto las montañas como estacas? ❱ (Corán, 78:6-7)

La Geología moderna ha comprobado que las montañas tienen raíces profundas debajo de la superficie terrestre. (Ver Fig. 9), y que esas raíces pueden superar varias veces las dimensiones de la elevación de su superficie terrestre.[1] Por lo tanto la palabra adecuada para describir a las montañas en base a esta información es "estaca", siendo que la mayor parte de una estaca correctamente colocada se encuentra bajo la superficie del suelo. La historia de la ciencia nos dice que la teoría que habla de las raíces profundas de las montañas fue introducida tan solo en 1865 por el Astrónomo Real, Sir George Airy.[2]

Las montañas también desempeñan un papel importante en la estabilización de la corteza terrestre.[3] Ellas impiden el estremecimiento (movimiento irregular, temblor) de la Tierra. Dios dijo en el Corán:

❰ (y) ha puesto en la tierra macizos montañosos para que no se moviera con vosotros... ❱ (Corán, 16:15)

De igual manera, la teoría moderna de las placas tectónicas sostiene que las montañas funcionan como estabilizadores de la tierra. Este conocimiento sobre el papel de las montañas como estabilizadores de la tierra recién ha empezado a ser entendido en el marco de esta teoría a partir de finales de los años sesenta.[4]

---

(1) *The Geological Concept of Mountains in the Quran* [El Concepto Geológico de las Montañas en el Corán], El-Naggar, p. 5.

(2) *The Geological Concept of Mountains in the Quran* [El Concepto Geológico de las Montañas en el Corán], p. 5.

(3) *The Geological Concept of Mountains in the Quran* [El Concepto Geológico de las Montañas en el Corán], pp. 44-45.

(4) *The Geological Concept of Mountains in the Quran* [El Concepto Geológico de las Montañas en el Corán], p. 5.

¿Conoció alguien, durante el tiempo del Profeta Muhammad ﷺ la verdadera forma de las montañas?

¿Puede cualquiera imaginar que la masiva y sólida montaña que ve frente a él realmente se extiende profundamente en la tierra y que tiene raíces, como lo afirman los científicos? Una gran cantidad de  libros de geología, cuando tratan de las montañas, describen tan solo la parte de las mismas que está en la superficie terrestre. Esto es debido a que esos libros no fueron escritos por especialistas en geología. No obstante, la geología moderna ha confirmado la verdad de los versos Coránicos.

C) El Corán y el origen del universo:

La astronomía moderna, observacional y teórica, claramente indica que en algún punto del tiempo, todo el universo no era más que una nube de humo (i.e. una composición opaca, altamente densa, gaseosa y caliente).[1] Este es uno de los indisputados principios de la astronomía moderna estándar. Los científicos pueden observar ahora nuevas estrellas que se están formando de los restos de aquel "humo" (Ver Fig. 10 y 11).

Las luminosas estrellas que vemos en la noche se encontraban, así como todo el universo, en aquel "humo". Dios dijo en el Corán:

❨ **Luego dirigió (su voluntad) al cielo, que era humo...** ❩ (Corán, 41:11)

---

(1) *The First Three Minutes, a Modern View of the Origin of the Universe* [Los Primeros tres minutos, una opinión moderna sobre el Origen del Universo], Weinberg, pp. 94-105.

Figura 10: Una nueva estrella formándose de una nube de gas y polvo (nebulosa), que es uno de los restos de "humo" que fue el origen del universo. *The Space Atlas* [El Atlas del Espacio], Heather y Henbest, p. 50.)

Figura 11: La nebulosa Lagoon, es una nube de gas y polvo, de aproximadamente 60 millones de años luz de diámetro. Está excitada por la radiación ultravioleta emitida por las estrellas candentes que se han formado recientemente en su seno. (*Horizons, Exploring the Universe* [Horizontes, Explorando el Universo], Seeds, lámina 9, de la Association of Universities for Research in Astronomy, Inc.)

Debido a que la Tierra y los cielos (el sol, la luna, las estrellas, planetas, galaxias, etc.), fueron formados de este mismo "humo", concluimos que la Tierra y los cielos eran una sola entidad conectada. Después de este "humo" homogéneo estos se formaron o separaron uno del otro. Dios dijo en el Corán:

❨ **¿Es que no ven los que se niegan a creer que los cielos y la tierra estaban juntos y los separamos?...** ❩ (Corán, 21:30)

El profesor Alfred Kroner es uno de los geólogos más conocidos del mundo. Es catedrático del Departamento de Geociencias de la Universidad de Mainz, Mainz, Alemania. Él dijo: "Al pensar en la procedencia de Muhammad pienso que es casi imposible que él haya sabido cosas como el origen común del universo, puesto que los científicos han descubierto apenas hace pocos años, con la ayuda de muy complejos y avanzados métodos tecnológicos, que eso es así."[1] También dijo: "Alguien que no haya sabido nada de física nuclear, hace 1400 años, no puede, creo yo, estar en posición de deducir por sí mismo, por ejemplo: que la tierra y los cielos tuvieron el mismo origen."[2]

D) El Corán y el Cerebro

Dios dijo en el Corán sobre uno de los malvados incrédulos que le prohibían al Profeta Muhammad ﷺ rezar en la Kaabah:

❨ **Si no deja de hacerlo, lo agarraremos por su *nasiah* (frente de la cabeza), de su *nasiah* mentirosa y transgresora** ❩ (Corán, 96:15-16)

¿Por qué describió el Corán a la frente de la cabeza como mentirosa y transgresora (pecadora)?¿Por qué no dijo el Corán que era la persona la mentirosa y transgresora? ¿Cuál es la

(1) La fuente de este comentario es el video *This is the Truth* [Esta es la verdad]. Visite **www.islam-guide.com/es/verdad** para conseguir una copia de este vídeo o para ver segmentos de vídeo de los comentarios del Profesor Alfred Kroner online en inglés.

(2) *This is the Truth* [Esta es la verdad] (el vídeo).

relación entre la frente de la cabeza y el mentir y el transgredir?

Si miramos por dentro del cráneo en la parte frontal de la cabeza, encontraremos la zona prefrontal del cerebro (ver fig. 12), ¿Qué es lo que la fisiología nos dice sobre la función de esta área? Un libro titulado: *Essentials of Anatomy and Physiology* [Anatomía y Fisiología Escencial] dice sobre esta zona: "La motivación y la capacidad de planear e iniciar movimientos ocurre en la porción anterior de los lóbulos frontales; la zona prefrontal..."[1] El libro dice también, "por su asociación en la motivación, se cree que la zona prefrontal es también el centro funcional de la agresión...."[2]

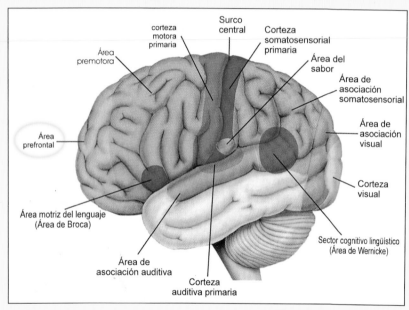

Figura 12: Las regiones funcionales del hemisferio izquierdo del cerebro. El área prefrontal está localizada en el frente de la corteza cerebral (*Essentials of Anatomy & Physiology* [Anatomía y Fisiología Escencial], Seeley y otros, p 210.)

(1) *Essentials of Anatomy & Physiology* [Anatomía y Fisiología Escencial], Seeley y otros, p. 211. También ver *The Human Nervous System* [El Sistema Nervioso Humano], Noback y otros, pp. 410-411.

(2) *Essentials of Anatomy & Physiology*, Seeley y otros, p. 211.

Entonces, esta área del cerebro es responsable de planear, motivar e iniciar el comportamiento correcto o pecaminoso, y es responsable de decir las mentiras y la verdad. Así, es más propio describir la frente de la cabeza como mentirosa y pecadora o transgresora cuando alguien miente o comete un pecado, tal y como lo dijo el Corán: **"...De su *nasiah* (frente de la cabeza), mentirosa y transgresora"**

Los científicos han descubierto estas funciones de la zona prefrontal apenas en los últimos 60 años, según el Profesor Keith L. Moore.[1]

E) Lo que el Corán dice sobre los mares y ríos:

La ciencia moderna ha descubierto que en los lugares donde se unen dos mares diferentes, existe una barrera entre los dos. Esa barrera divide a los dos mares para que cada mar tenga su propia temperatura, salinidad y densidad.[2] Por ejemplo, el agua del Mar Mediterráneo es tibia, salina y menos densa, comparada con la del Océano Atlántico. Cuando el agua del Mar Mediterráneo entra en el Atlántico, por el estrecho de Gibraltar, se introduce varios cientos de kilómetros en el Atlántico a una profundidad de cerca de 1000 mts. manteniendo sus propias características. El agua del Mediterráneo se estabiliza a esta profundidad[3] (ver figura 13).

A pesar de las grandes olas, las fuertes corrientes y las mareas existentes en estos mares, estos no se mezclan o traspasan esa barrera.

El Sagrado Corán menciona que existe una barrera entre entre dos que se encuentran y que ambos no traspasan. Dios dice:

(1) *Al-I'yaaz al-'Ilmi fi al-Nasiah* (Los Milagros Científicos en la frente de la cabeza), Moore y otros, p. 41.
(2) *Principles of Oceanography* [Principios de Oceanografía], Davis, pp. 92-93.
(3) *Principles of Oceanography* [Principios de Oceanografía], Davis, p. 93.

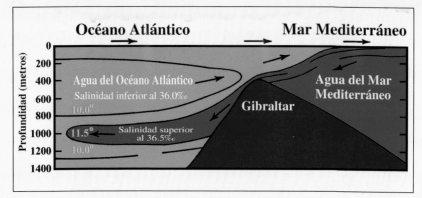

Figura 13: El agua del Mediterráneo al entrar en el Atlántico por encima del estrecho de Gibraltar todavía con su propia temperatura, salinidad y menor densidad, debido a la barrera que distingue entre ellas. Las temperaturas están en grados Centigrados (C°) (Levemente modificado de *The Marine Geology* [La Geología Marina], Kuenen, p. 43.)

❨ **Ha dejado fluir las dos grandes masas de agua, que se encuentran, pero las separa una barrera que no rebasan.** ❩ (Corán, 55:19-20)

Pero cuando el Corán habla sobre la división entre el agua fresca (dulce) y la salada, menciona la existencia de un "límite infranqueable" junto con la barrera. Dios dijo en el Corán:

❨ **Él es quien ha hecho que las dos grandes masas de agua fluyan; una dulce, agradable; otra, salada y amarga. Ha puesto un espacio intermedio y una barrera infranqueable entre ellas.** ❩ (Corán, 25:53)

Uno se pregunta ¿Por qué menciona el Corán al espacio intermedio, cuando habla del divisor entre el agua dulce y la salada; pero no lo menciona, cuando habla del divisor entre los dos mares?

La ciencia moderna ha descubierto que en los estuarios, donde el agua dulce y la salada se encuentran, la situación es en cierta manera diferente a la que se encuentra en los lugares en los que dos mares se encuentran. Se ha descubierto que lo que distingue al agua dulce de la salada en los estuarios (o Deltas de un río) es una "*zona pinoclina que posee una marcada discontinuidad en su densidad, que separa las dos capas.*"[1] Esta partición o división (zona de separación), tiene una salinidad diferente a la del agua dulce y a la de la salada.[2] (ver figura 14).

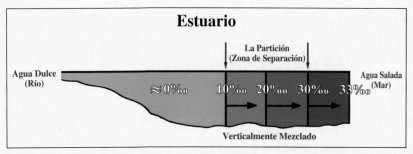

Estuario

Figura 14: Corte longitudinal que muestra la salinidad (partes por mil 0/00), en un estuario. Aquí podemos observar la partición (Zona de separación), entre el agua dulce y la salada. (Levemente modificado de *Introductory Oceanography* [Oceanografía Introductoria], Thurman, p. 301.)

Esta información ha sido descubierta recientemente, utilizando avanzados equipos para medir la temperatura, salinidad, densidad, disolubilidad del oxigeno, etc. El ojo humano no puede ver la diferencia entre los dos mares que se juntan, más bien los dos mares nos parecen un mar homogéneo. De igual manera, el ojo humano no puede ver la división (o punto intermedio) del agua en los estuarios ni la partición (zona de separación).

(1) *Oceanography* [Oceanografía], Gross, p. 242. También ver *Introductory Oceanography* [Oceanografía Introductoria], Thurman, pp. 300-301.

(2) *Oceanography* [Oceanografía], Gross, p. 244, y *Introductory Oceanography* [Oceanografía Introductoria], Thurman, pp. 300-301.

F) Lo que el Corán dice sobre los mares profundos y las olas internas:

Dios dice en el Corán:

> ❨ O son (los que no creen) como tinieblas en un mar profundo, al que cubren olas sobre las que hay otras olas que a su vez están cubiertas por nubes. Tinieblas sobre tinieblas. Cuando saca la mano apenas la ve. A quien Dios no le da luz, no tendrá ninguna luz.... ❩ (Corán, 24:40)

Este verso menciona la oscuridad que se encuentra en los mares profundos y océanos, donde si un hombre sumergido en sus profundidades estira su mano no puede verla. La oscuridad en los mares profundos y océanos comienza alrededor de los 200 metros de profundidad y más abajo. A esta profundidad; casi no hay luz (Ver fig. 15). Después de los 1000 mts. ya no existe luz por completo.[1] Los seres humanos no son capaces de sumergirse a más de 40 metros sin la ayuda de submarinos o equipos especiales. Los seres humanos no pueden sobrevivir sin ayuda en las oscuras profundidades de los océanos, como los 200 mts. por ejemplo.

Figura 15: Entre el 3 y el 30% de la luz solar es reflejada en la superficie marina. Luego, casi todos los siete colores del espectro son absorbidos uno tras otro en los primeros 200 mts, excepto la luz azul. (*Oceans* [Los Océanos], Elder y Pernetta, p. 27.)

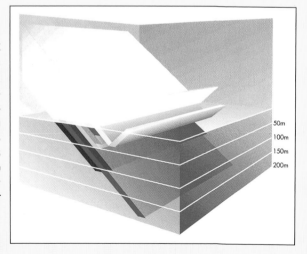

50m
100m
150m
200m

---

(1) *Oceans* [Los Océanos], Elder and Pernetta, p. 27.

Los científicos han descubierto recientemente esta oscuridad mediante equipos especiales y submarinos que les han permitido sumergirse en las profundidades del océano.

Podemos entender también de las siguientes afirmaciones en el anterior verso, "**...en un mar profundo al que cubren olas sobre las que hay otras olas que a su vez están cubiertas por nubes...**", que las aguas profundas de los mares y océanos están cubiertas por olas, y por encima de esas olas existen otras olas. Es claro que ese segundo grupo de olas son las de la superficie que nosotros vemos, pues el verso menciona que por encima de las segundas olas existen nubes. ¿Pero qué acerca de las primeras olas?. Los científicos han descubierto recientemente que existen olas internas que "ocurren en la zona limítrofe de densidad entre los estratos de diferente densidad."[1] (ver figura 16).

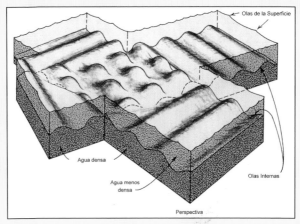

Figura 16: Olas internas en la zona intermedia entre dos estratos de agua con diferentes densidades. Una es densa (la de más abajo), y la otra es menos densa (la de más arriba). (*Oceanography* [Los Océanos], Gross, p. 204.)

Las olas internas cubren las aguas profundas de los mares y océanos porque las aguas profundas poseen una densidad más alta que la de las aguas por encima de ellas. Las olas internas actúan igual que las de la superficie. Estas pueden romperse igual que las de la superficie. Las olas internas no pueden ser vistas por el ojo humano, pero pueden ser detectadas al estudiar las temperaturas o los cambios de salinidad en un punto dado.[2]

---

(1) *Oceanography* [Oceanografía], Gross, p. 205.

(2) *Oceanography* [Oceanografía], Gross, p. 205.

G) Lo que el Corán dice sobre las nubes:

Los científicos han estudiado los tipos de nubes y se han dado cuenta que las nubes de la lluvia, están formadas y moldeadas de acuerdo a sistemas definidos y a movimientos relacionados con ciertos tipos de vientos y nubes.

Un tipo de nube de lluvia es la nube *cumulonimbus* - (tormenta con relámpagos). Los meteorólogos han estudiado cómo es que se forman las nubes *cumulonimbus* y cómo es que producen la lluvia, el granizo y los relámpagos.

Ellos descubrieron que las nubes *cumulonimbus* atraviesan las siguientes etapas para producir la lluvia:

1) **La nubes son empujadas por el viento:** Las nubes *cumulonimbus* se empiezan a formar cuando el viento empuja pequeños pedazos de nubes (cúmulos) hacia un área donde esas nubes convergen (Ver fig. 17 y 18).

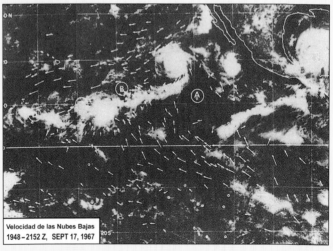

Velocidad de las Nubes Bajas
1948-2152 Z, SEPT 17, 1967

Figura 17: Foto de satélite que muestra las nubes moviéndose hacia las áreas de convergencia B, C y D. Las flechas indican la dirección del viento. (*The Use of Satellite Pictures in Weather Analysis and Forecasting* [El uso de imágenes satelitales en el Análisis y Pronóstico del Clima], Anderson y otros, p. 188.)

Figura 18: Pequeñas piezas de nubes (cúmulos), moviéndose hacia una zona de convergencia cerca del horizonte, donde podemos ver una extensa nube *cumulonimbus*. (*Clouds and Storms* [Nubes y Tormentas], Ludlam, laminas 7, 4.)

2) Unión: Después, las pequeñas nubes se juntan formando una nube más grande[1] (ver figuras 18 y 19).

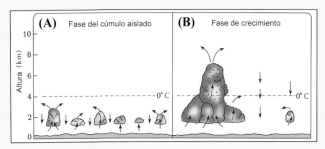

Figura 19: (A) Pequeños pedazos sueltos de nubes (cúmulos). (B) Cuando las pequeñas nubes se juntan las corrientes de aire en la gran nube aumentan, haciendo que la nube vaya tomando la forma de una pila. Las gotas de agua están indicadas con (.). (*The Atmosphere* [La Atmósfera], Anthes y otros, p. 269.)

(1) Ver *The Atmosphere* [La Atmósfera], Anthes y otros, pp. 268-269, y también *Elements of Meteorolgy* [Elementos de Meteorología], Miller y Thompson, p. 141.

3) El Apilado: Cuando las pequeñas nubes se juntan, las corrientes de aire dentro de la gran nube aumentan. Las corrientes cercanas al centro de la nube son más fuertes que aquellas cercanas a los bordes.[1] Estas corrientes provocan que el cuerpo de la nube crezca verticalmente, así la nube está "apilada" (Ver Fig. 19 (B), 20 y 21). Este crecimiento vertical provoca que el cuerpo de la nube se estire hacia regiones más frías de la atmósfera, donde las gotas de agua y el granizo se forman y comienzan a crecer cada vez más, cuando estas gotas de agua y granizo se hacen muy pesadas como para que las corrientes las soporten, empiezan a caerse de la nube como lluvia, granizo, etc.[2]

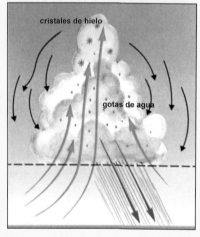

Figura 20: Una nube *cumulonimbus*. Después que la nube es apilada, la lluvia sale de ella. (*Weather and Climate* [Tiempo y Clima], Bodin, p. 123.)

Dios dice en el Corán:

❮ **¿Acaso no ves que Dios empuja las nubes y las acumula en capas y ves la lluvia salir de sus entrañas?....** ❯ (Corán, 24:43)

(1) Las corrientes cercanas al centro son más fuertes, debido a que estas se encuentran protegidas de los efectos congelantes por la parte externa de la nube.
(2) *The Atmosphere* [La Atmósfera], Anthes y otros, p. 269, y también *Elements of Meteorolgy* [Elementos de Meteorología], Miller y Thompson, pp. 141-142.

Figura 21: Una nube *cumulonimbus*. (*A Colour Guide to Clouds* [Una Guía Colorida de las Nubes], Scorer y Wexler, p. 23.)

Los meteorólogos han descubierto tan solo recientemente estos detalles de la formación de las nubes, su estructura y funcionamiento mediante la utilización de equipos avanzados como los aviones, satélites, computadoras, globos aerostáticos y otros equipos para el estudio del viento y su dirección, para medir la humedad y sus variaciones, y para determinar niveles y variaciones de la presión atmosférica.[1]

El verso anterior, después de mencionar a las nubes y la lluvia habla sobre el granizo y los relámpagos:

❨ ....y hace que del cielo, de montañas que en él hay, caiga granizo con el que daña a quien quiere y del que libra a quien quiere? El fulgor de su relámpago casi los deja sin vista.❩ (Corán, 24:43)

Los meteorólogos han descubierto que esta nubes (*cumulonimbus*), que hacen llover granizo, alcanzan una altura

(1) Ver *I'yaaz al-Qur'aan al-Karim fi Wasf Anwa' al-Riaah, al-Subuh, al-Mattar,* Makki y otros, p. 55.

de 25.000 a 30.000 pies (4,7 a 5,7 millas),[1] equivalentes a 7,46 a 9,04 Km., altura comparada con las alcanzadas por las montañas, como dice el Corán: [**... y hace que del cielo, de montañas que en él hay,...**]. (Ver fig. 21).

Este verso, da lugar a una interrogante ¿Por qué es que el verso dice: [**...de su relámpago...**], refiriéndose al granizo? ¿Acaso significa esto que el granizo es el factor principal en la producción de relámpago? Veamos lo que el libro titulado *Meteorology Today* [La Meteorología Hoy], dice sobre esto: "Las nubes se van electrificando a medida que el granizo va cayendo a través de una región en la nube formada por pequeñas gotas superenfriadas y cristales de hielos. Cuando las pequeñas gotas en estado líquido colisionan con el granizo, se congelan al contacto y descargan el calor latente. Esto mantiene a la superficie del granizo más caliente que la de los cristales de hielo que lo rodean. Cuando el granizo entra en contacto con los cristales de hielo que lo rodean, ocurre un importante fenómeno: Electrones fluyen del objeto más frío hacia el

más caliente. Por lo tanto el granizo se carga negativamente. El mismo efecto ocurre cuando las pequeñas gotas superenfriadas entran en contacto con un pedazo de granizo, tenues astillas de hielo positivamente cargadas se desprenden. Estas partículas más livianas y de carga positiva, son entonces transportadas hacia la parte superior de la nube por corrientes de aire. El granizo,

---

(1) *Elements of Meteorology* [Elementos de Meteorología], Miller y Thompson, p. 141.

negativamente cargado restante, cae en dirección a la base de la nube, así la parte más baja de la misma se carga con energía negativa. Estas cargas negativas son entonces descargadas hacia el suelo, en forma de relámpagos.[1] Concluimos de esto que el granizo es el factor principal en la producción de los relámpagos.

Estos datos sobre los relámpagos han sido descubiertos tan solo recientemente. Hasta el año 1600 E.C., las ideas de Aristóteles sobre la meteorología eran dominantes. Por ejemplo, Aristóteles dijo que la atmósfera posee dos tipos de exhalación; seca y húmeda. También dijo que los truenos son el sonido resultante de la colisión de la exhalación seca y las nubes vecinas y que los relámpagos son el resultado de combustión de la exhalación seca con un tenue y débil fuego.[2] Estas son algunas de las ideas sobre la meteorología que eran dominantes durante la época de revelación Coránica, hace catorce siglos.

H) Comentarios de los científicos sobre los milagros científicos en el Sagrado Corán:

Los siguientes son algunos comentarios emitidos por científicos[3] sobre los milagros científicos del Santo Corán. Todos estos comentarios han sido tomados del vídeo titulado *This is the Truth* [Esta es la verdad]. En esta cinta de vídeo Usted puede ver y escuchar a los científicos mientras que ellos vierten sus respectivos comentarios. (Porfavor visite **www.islam-guide.com/es/verdad** para conseguir una copia de este vídeo, para verlo en su totalidad online, o para ver segmentos de vídeo de estos comentarios online en inglés)

(1) *Meteorology Today* [La Meteorología Hoy], Ahrens, p. 437.

(2) *The Works of Aristotle Translated into English: Meteorologica* [Los trabajos de Aristoteles traducidos al Ingles: Meteorologica], vol. 3, Ross y otros, pp. 369a-369b

(3) Nota: Los cargos ocupados por todos los científicos mencionados en este libro corresponden al año 1997.

1) El Dr. T.V.N. Persaud es Profesor en Anatomía, Director del Dpto. de Anatomía y Profesor en Pediatría y Salud infantil (*Universidad de Manitoba, Winnipeg, Manitoba, Canadá*). Un profesional bien conocido en su medio, autor y editor de 25 libros, ha publicado cerca de 181 estudios científicos. En 1991, recibió el más distinguido premio que se otorga en el campo de la Anatomía en Canadá; el premio J.C.B. Grant, otorgado por la Asociación Canadiense de Anatomistas. Cuando fue consultado sobre los milagros científicos en el Corán que él en persona había estudiado e investigado, afirmó lo siguiente:

"Tengo entendido que Muhammad fue un hombre común y corriente. No sabía leer ni escribir (de hecho era analfabeto). Estamos hablando de hace más o menos 1400 años. Tenemos a alguien que era analfabeto vertiendo profundos pronunciamientos y afirmaciones que son increíblemente precisas sobre la naturaleza científica. Yo personalmente, no puedo ver como es que esto pueda ser el resultado del simple azar. Hay demasiada exactitud y precisión, al igual que el Dr. Moore, no encuentro ninguna dificultad en aceptar que fue una inspiración divina o revelación, la que lo condujo a estas afirmaciones." El profesor Persaud ha incluido algunos versos Coránicos y dichos del Profeta Muhammad ﷺ en algunos de sus libros. También ha presentado estos versos y dichos en varias conferencias.

2) El Dr. Joe Leigh Simpson es Catedrático y Jefe del Departamento de Obstetricia y Ginecología, en el Baylor College of Medicine en Houston, Texas, EE.UU. Ha sido también Catedrático y Jefe del Dpto. de Obstetricia y Ginecología en la Universidad de Tennesse, en Memphis, Tennesse, EE.UU. También es Presidente de la Sociedad Estadounidense de la Fertilidad. Ha recibido muchos premios incluyendo el Premio de Reconocimiento Público de 1992, otorgado por la Asociación de Catedráticos en Obstetricia y Ginecología. El Dr. Simpson estudió los siguientes dos dichos del Profeta Muhammad ﷺ:

{En cada uno de vosotros, todos los componentes de vuestra creación son juntados en el útero de vuestras madres en cuarenta días...}[1]

{Después de que han pasado cuarenta y dos noches, Dios envía un Ángel hacia el embrión el cual le da forma y crea su audición, visión, piel, carne y huesos...}[2]

El Dr. Simpson estudió estos dos dichos del Profeta ﷺ exhaustivamente, notando que los primeros cuarenta días constituyen una etapa claramente distinguible en el desarrollo del embrión. Simpson quedó particularmente impresionado por la absoluta precisión y exactitud de estos dichos del Profeta ﷺ. Así durante una conferencia dio la siguiente opinión:

"Así pues, los dos *hadices* (dichos del Profeta Muhammad ﷺ), anteriormente mencionados, nos pueden proporcionar un orden cronológico para comprender los principales desarrollos embriológicos que se dan antes de los 40 días". "Recapitulando, el mismo punto fue denotado repetidas veces por varios de los disertantes esta mañana; el de que tales *hadices* no podían ser el resultado del conocimiento científico existente y disponible en la época en que fueron registrados... se concluye, creo yo, que no sólo no existe un conflicto entre la genética y la religión, más bien, de hecho, la religión puede guiar a la ciencia, sumando la revelación a algunos de los enfoques científicos tradicionales, y que existen afirmaciones en el Corán comprobadas siglos después por la ciencia como válidas y correctas, lo cual apoya la afirmación de que el conocimiento en el Corán proviene de Dios."

---

(1) Narrado en *Sahih Muslim*, #2643, y *Sahih al-Bujari*, #3208.

Nota: Lo que se encuentra entre corchetes {…} en este libro es una traducción de lo que el Profeta Muhammad ﷺ dijo. También nótese que el símbolo # utilizado en las notas de pie, indica el número del *hadiz*. Un *hadiz* es una transmisión confiable de los compañeros del Profeta Muhammad ﷺ sobre lo que este dijo, hizo, aprobó o desaprobó.

(2) Narrado en *Sahih Muslim*, #2645.

3) El Dr. E. Marshall Johnson es catedrático y Jefe de la facultad de Anatomía y Biología evolutiva, es también Director del Instituto Daniel Baugh, de la universidad Thomas Jefferson en Filadelfia, Pennsylvania, EE.UU. Ha escrito más de 200 publicaciones. Fue presidente de la Asociación Teratológica. En 1981, durante la Séptima Conferencia Médica en Dammam, Arabia Saudita, el Prof. Johnson dijo en su disertación:

"Resumiendo, el Corán no sólo describe el desarrollo de la forma exterior, sino que enfatiza también las etapas internas, las etapas que se dan dentro del embrión, de su creación y desarrollo, enfatizando eventos fundamentales reconocidos por la ciencia contemporánea."

También dijo: "Como científico, puedo trabajar específicamente con cosas que puedo ver. Yo puedo entender la embriología, la biología evolutiva. Yo puedo entender las palabras que me son traducidas del Corán. Como ejemplifiqué anteriormente; si volviera en el tiempo hasta esa época, sabiendo lo que sé hoy en día…, no podría describir las cosas que fueron descritas. No veo evidencias que refuten el concepto de que este individuo, Muhammad, recibiera su información de alguna otra fuente. Por lo tanto, no veo ningún conflicto aquí con el concepto de que la intervención divina estuvo de por medio en lo que él escribió."[1]

4) El Dr. William W. Hay, que es Catedrático en Oceanografía, en la Universidad de Colorado en Boulder, Colorado, EE.UU. Es un muy conocido científico marino. Después de una conversación con el Dr. Hay, sobre la mención que hace el Corán de fenómenos marítimos recientemente descubiertos, dijo:

"Encuentro muy interesante el hecho de que este tipo de información se encuentra en las escrituras del Sagrado Corán, y no tengo ni idea de dónde proviene, pero creo que es extremadamente

(1) El Profeta Muhammad ﷺ era analfabeto. No podía leer ni escribir, pero él dictó el Corán a sus compañeros quienes lo memorizaron y ordenó a algunos de ellos que lo registren escribiéndolo.

interesante que esté ahí y que esta investigación sea llevada a cabo para descubrir el significado de algunos pasajes". Cuando se le interrogó sobre la fuente u origen del Corán respondió: "Bien, yo creo que debe ser el ser divino."

5) El Dr. Gerald C. Goeringer es Catedrático y Coordinador de Embriología Médica de la Facultad de Biología Celular, en la Escuela de Medicina de la Universidad de Georgetown, Washington DC, EE.UU. Durante la octava Conferencia Médica Saudí en Riyadh, Arabia Saudita, el profesor Goeringer afirmó lo siguiente durante la presentación de su tema:

"En tan sólo unas cuantas *aias* (versos del Corán), está contenida una muy comprensiva descripción del desarrollo humano desde el momento de la convergencia de los gametos, hasta la organogénesis. No ha existido anteriormente un tan único y completo registro del desarrollo humano en cuanto a clasificación, terminología y descripción. En la mayoría, sino en todas, de las instancias, estas descripciones antedatan por siglos el registro de las varias etapas del desarrollo embrional y fetal humano registrados en la literatura científica tradicional."

6) El Profesor Yashudi Kusan, Director del Observatorio Astronómico de Tokio, Japón. Comentando sobre las afirmaciones astronómicas del Corán, dijo:

"Estoy muy impresionado de encontrar verdaderos hechos astronómicos en [el] Corán y para nosotros, los astrónomos modernos han estado estudiando tan sólo pequeños pedazos del universo. Hemos concentrado nuestros esfuerzos en tratar de comprender [una] muy pequeña parte, sin pensar en el universo [en su totalidad]. Por lo tanto, mediante la lectura [del] Corán y la respuesta a las interrogantes que se formulan, yo creo que puedo visualizar mi futuro método para investigar el Universo."

7) El Dr. Tejatat Tejasen es actualmente el Jefe del Dpto. de Anatomía, y es también ex Decano de la facultad de Medicina de la Universidad Chiang Mai, en Chiang Mai, Tailandia. Durante la octava Conferencia Médica Saudita en Riyadh, Arabia Saudita, el Dr. Tejasen tomó la palabra y dijo:

"En los últimos tres años, me he interesado mucho en el Corán... Debido a mis estudios y a lo que he aprendido por medio de esta conferencia. Creo que todo lo que fue registrado en el Corán hace mil cuatrocientos años debe ser la verdad y que puede ser probada como tal por los métodos científicos. Siendo que el Profeta Muhammad, no podía leer ni escribir, entonces él debe ser un mensajero que dependía de la verdad que le era revelada como una instrucción de parte de Aquél que es el único elegible como Creador. Este creador debe ser Dios. Creo que ha llegado el momento de decir *La ilaha illa Allah*, que no hay dios que merezca la adoración sino Allah (Dios), *Muhammad rasúl Allah*, y que Muhammad es el Mensajero (Profeta) de Allah (Dios). Finalmente, debo felicitar a los organizadores por esta excelente y altamente exitosa conferencia... Me he beneficiado, no tan sólo del conocimiento científico (expuesto en la conferencia), sino también de la gran oportunidad de conocer muchos nuevos científicos y de entablar varias nuevas amistades entre los participantes. Lo más preciado que he ganado con esta conferencia, es *La ilaha illa Allah, Muhammad rasúl Allah*, y el haberme convertido en musulmán."

Después de todos estos ejemplos en los que hemos visto de cerca los milagros científicos en el Sagrado Corán y todos los comentarios vertidos por los científicos, hagámonos las siguientes preguntas:

- ¿Es simplemente una coincidencia que toda esta información científica recientemente descubierta, en diferentes campos, fue mencionada en el Corán, que fue revelado hace catorce siglos?

- ¿Es posible que este Corán fue escrito por Muhammad ﷺ o por cualquier otro ser humano?

La única respuesta posible es que el Corán debe ser la palabra literal de Dios, revelada por Él.

(2) El Gran Desafío: El de producir un capítulo igual a cualquiera de los capítulos del Sagrado Corán

Dios dice en el Corán:

> ❨ Y si tenéis alguna duda sobre lo que hemos revelado a Nuestro siervo, venid vosotros con una sura igual; y si decís la verdad, llamad a esos testigos que tenéis en ves de Dios. Mas si no lo hacéis, que no lo haréis, temed al fuego cuyo combustible son los hombres y las piedras, preparado para los incrédulos. Y dadles la buena noticia a los que creen y practican las acciones de bien, de que tendrán jardines por cuyo suelo correrán los ríos.... ❩ (Corán, 2:23-25)

Desde que el Corán fuera revelado, hace catorce siglos, hasta hoy, nadie ha sido capaz de producir un solo capítulo igual a los del Corán en su belleza, elocuencia, esplendor, sabia legislación, información verdadera, profecías verdaderas y otros atributos perfectos del Corán. Nótese también que el más pequeño capítulo del Corán (Capítulo 108) tiene tan sólo diez palabras, aún así, nadie ha sido capaz de vencer el desafío, desde entonces hasta hoy.[1] Algunos de los árabes incrédulos que eran enemigos del Profeta Muhammad ﷺ trataron de vencer el desafío para probar que Muhammad ﷺ no era un verdadero profeta, pero fallaron en su intento.[2] Esto a pesar de que el Corán fue revelado en su propio idioma y dialecto, y de que los árabes en la época de Muhammad ﷺ eran gente muy elocuente que solían componer maravillosas y excelentes poesías, todavía leídas y apreciadas aún en nuestros días.

---

(1) Ver *Al-Burhaan fi 'Ulum al-Qur'aan*, Al-Zarkashi, vol. 2, p. 224.
(2) Ver *Al-Burhaan fi 'Ulum al-Qur'aan*, Al-Zarkashi, vol. 2, p. 226.

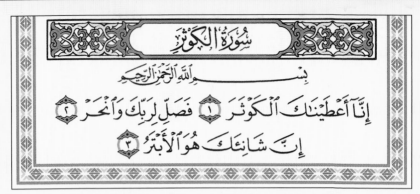

El más pequeño capítulo del Corán (Capítulo 108) tiene tan solo diez palabras, aún así, nadie ha sido capaz de vencer el desafío de producir un capítulo igual a cualquiera de los capítulos del Sagrado Corán.

(3) Profecías bíblicas sobre el advenimiento de Muhammad ﷺ, el Profeta del Islam

Las profecías bíblicas sobre el advenimiento del Profeta Muhammad ﷺ son evidencia de la verdad del Islam para las personas que creen en la misma.

En Deuteronomio 18, Moisés afirmó que Dios le dijo: **"Profeta les levantaré de en medio de sus hermanos, como tú; y pondré mis palabras en su boca, y él les hablará todo lo que yo le mandare. Mas a cualquiera que no oyere mis palabras que él hablare en mi nombre, yo le pediré cuenta."** (Deuteronomio 18:18-19 RVR1960).[1]

(1) Algunos de los versos en este capítulo han sido tomados de la Biblia *Reina-Valera de 1960 (RVR1960);* y otros han sido tomados *de La Biblia de las Américas (LBLA).*

Concluimos de estos versos que el profeta ha ser mandado por Dios debe reunir las siguientes tres características:

1) Él será como Moisés.

2) Él será de entre los hermanos de los israelitas; o sea los ismaelitas.

3) Que Dios pondrá Sus palabras en la boca de este profeta y que éste declarará lo que Dios le ordene.

Examinemos las tres características más a fondo:

1) Un profeta igual a Moisés:

Difícilmente han existido dos profetas que hayan sido tan parecidos como Moisés y Muhammad ﷺ. Ambos recibieron una ley comprensible y un código de vida. Ambos se enfrentaron a sus enemigos y obtuvieron la victoria sobre ellos de una forma milagrosa. Ambos fueron aceptados como profetas y hombres de estado. Ambos emigraron a consecuencia de conspiraciones de asesinato contra ellos. Las analogías entre Jesús y Moisés no sólo no contemplan las anteriormente citadas similitudes sino que tampoco contemplan otras aún más cruciales. Estas incluyen el nacimiento natural, vida familiar y muerte de Moisés y Muhammad ﷺ a diferencia de Jesús. Más aún, Jesús fue tomado por sus seguidores como el hijo de Dios y no exclusivamente como un profeta de Dios, que es como Moisés y Muhammad ﷺ fueron tomados y como los musulmanes considera a Jesús. Entonces, esta profecía se refiere al Profeta Muhammad ﷺ y no a Jesús, porque Muhammad ﷺ es más parecido a Moisés que Jesús, con relación a los puntos anteriormente mencionados.

También uno se da cuenta al leer el evangelio de Juan que los judíos estaban esperando el cumplimiento de tres distintas profecías. La primera era la llegada de Cristo. La segunda era la venida de Elías. La tercera era la venida del Profeta. Esto se hace claro debido a las tres preguntas que le fueron hechas a Juan el Bautista: "**... Los Judíos de Jerusalén habían enviado donde Juan algunos sacerdotes y levitas para que le preguntaran: "¿Quién eres tú?". Juan aceptó decírselo y no lo negó.**

Declaró: "Yo no soy el Cristo". Le dijeron: "Entonces, ¿quién eres?, ¿Elías?" Contestó: "Yo no soy Elías". Le dijeron: " ¿Eres el Profeta?". Contestó "No" (Juan 1:19-21). Si buscamos en una Biblia que tenga referencias encontraremos en las notas marginales que las palabras "el Profeta" en Juan 1:21, se refieren a la profecía de Deuteronomio 18:15 y 18:18.[1] Concluimos de todo ésto que la profecía de **Deuteronomio 18:18** no se refiere a Jesús sino a Muhammad ﷺ.

2) De entre los "hermanos" de los israelitas:

Abraham tuvo dos hijos, Ismael e Isaac (**Génesis 21**). Ismael se convirtió en el padre de la nación árabe, e Isaac se convirtió en el padre de la nación judía. El profeta del que habla Deuteronomio no proviene de entre los judíos mismos; sino de entre sus hermanos; o sea los Ismaelitas. Muhammad ﷺ, un descendiente de Ismael, es de hecho este profeta.

También **Isaías 42:1-13** habla sobre el siervo de Dios, Su "Siervo" y "Escogido" quien habrá de traer una ley. **"No se desanimará ni desfallecerá hasta que haya establecido en la tierra la justicia, y su ley esperarán las costas" (Isaías 42:4 LBLA)**. El versículo 11 conecta a ese esperado mensajero con los descendientes de Cedar. ¿Quién es Cedar? Según **Génesis 25:13**, Cedar fue el segundo hijo de Ismael, el ancestro del Profeta Muhammad ﷺ.

3) Dios pondrá Sus palabras en la boca de este profeta:

Las palabras de Dios (el Sagrado Corán) fueron verdaderamente puestas o colocadas en la boca de Muhammad ﷺ. Dios envió al Arcángel Gabriel para que le enseñara a Muhammad ﷺ las palabras exactas de Dios (el Sagrado Corán) y le ordenó que las dictara a la gente tal y como las había oído. Las palabras no son, por lo tanto, suyas. Estas no provenían de sus propios pensamientos, sino que fueron puestas en su boca por el Arcángel. Durante la vida de Muhammad ﷺ, y bajo su

---

(1) Ver las notas marginales sobre el versículo 1:21 del evangelio de Juan en cualquier Biblia con referencias.

supervisión, estas palabras fueron memorizadas y escritas por sus compañeros.

También, esta profecía en **Deuteronomio** menciona que este profeta hablará las palabras de Dios en el nombre de Dios. Si damos un vistazo al Sagrado Corán, encontraremos que todos sus capítulos, excepto el Capítulo 9, están precedidos o empiezan con la frase "En el nombre de Dios, el Misericordioso, el Compasivo."

Otra indicación (aparte de la profecía en **Deuteronomio**) es que **Isaías** relaciona al mensajero conectado con Cedar con un nuevo cántico (una escritura en un nuevo idioma) que ha de ser cantado al Señor **(Isaías 42:10-11)**. Esto se ve mencionado más claramente en la profecía de **Isaías: "y en lengua extranjera, El hablará a este pueblo"** (Isaías 28:11 *LBLA*). Otro punto relacionado, es que el Corán fue revelado en diferentes lugares y por partes en un período de 23 años. Es interesante comparar esto con Isaías 28 que habla sobre la misma cosa, **"Porque mandamiento tras mandamiento, mandato sobre mandato, renglón tras renglón, línea sobre línea, un poquito allí, otro poquito allá."** (Isaías 28:10 RVR1960).

Note que Dios dijo en el verso anterior a la profecía en **Deuteronomio 18:18, "Mas a cualquiera que no oyere mis palabras que él hablare en mi nombre, yo le pediré cuenta"** (Deuteronomio 18:19 *RVR1960*). Esto significa que quien cree en la Biblia debe creer en lo que este profeta dice, y este profeta es Muhammad ﷺ.

(4) Los versos coránicos que mencionan eventos futuros que ocurrieron posteriormente

Un ejemplo de las predicciones correctas Coránicas de eventos futuros, es la victoria de los romanos sobre los persas en el espacio de 3 a 9 años, después de que los romanos fueran derrotados por los persas en la época del Profeta Muhammad ﷺ. Dios dijo en el Corán:

❴ **Los Romanos han sido vencidos en la tierra más próxima. Pero ellos, a pesar de su derrota vencerán dentro de** *bid'i* **(tres a nueve) años....** ❵ (Corán, 30:2-4)

Veamos qué es lo que la Historia nos dice sobre estas guerras. El libro titulado *"History of the Byzantine State"* [Historia del Estado Bizantino], nos dice que el ejército romano recibió una dura derrota en Antioquia en el 613 E.C., y como resultado de eso los persas empezaron a empujar y avanzar en todos los frentes.[1] En aquel momento, hubiera sido muy difícil imaginar que los romanos irían a derrotar a los persas, pero el Corán prometió que ellos serían victoriosos en el espacio de 3 a 9 años. En el año **622** de la era común, **nueve** años después de la derrota romana, las dos fuerzas (romanos y persas), se enfrentaron en las tierras de Armenia y el resultado de la batalla fue la decisiva victoria de los romanos sobre los persas, por primera vez, después de su derrota en el 613.[2] La promesa fue cumplida tal y como Dios lo dijo en el Corán.

Existen muchos otros versos Coránicos y dichos del Profeta ﷺ que mencionan eventos futuros que ocurrieron.

(1) *History of the Byzantine State* [Historia del Estado Bizantino], Ostrogorsky, p. 95.

(2) *History of the Byzantine State* [Historia del Estado Bizantino], Ostrogorsky, pp. 100-101, and *History of Persia* [Historia de Persia], Sykes, vol. 1, pp. 483-484. También ver *The New Encyclopaedia Britannica*, Micropaedia [La Nueva Enciclopedia Británica, Micropedia] vol. 4, p. 1036.

(5) Los milagros realizados por el Profeta Muhammad ﷺ

El Profeta Muhammad ﷺ realizó muchos milagros con el permiso de Dios. Estos milagros fueron presenciados por muchas personas. Por ejemplo:

- Cuando los incrédulos de la Meca le pidieron al Profeta ﷺ que les muestre un milagro, este les mostró la separación de la Luna en dos partes.[1]

- Otro milagro fue el brotar del agua de las manos de Muhammad ﷺ cuyo sus compañeros quedaron sedientos y no les quedaba más que un poco de agua en una vasija. Los compañeros se le acercaron y le dijeron que no tenían agua para hacer las abluciones, ni para beber excepto la que tenían en el recipiente. Entonces Muhammad ﷺ colocó su mano en la vasija y el agua empezó a brotar de entre sus dedos para que bebieran e hicieran sus abluciones. El número de personas era mil quinientas.[2]

Hubo muchos otros milagros que Muhammad ﷺ realizó o que le acontecieron.

(6) La vida sencilla de Muhammad ﷺ

Si comparamos la vida de Muhammad ﷺ antes de su misión como profeta con su vida después de que comenzó su misión, concluiremos que es irracional pensar que Muhammad ﷺ era un falso profeta; que pretendía la profecía para obtener ganancias materiales, grandeza, gloria, o poder.

Antes de empezar su misión como profeta, Muhammad ﷺ no tenía problemas financieros. Como un exitoso y respetado mercader Muhammad ﷺ tenía un satisfactorio y confortable

---

(1) Narrado en *Sahih Al-Bujari*, #3637, y *Sahih Muslim*, #2802.
(2) Narrado en *Sahih Al-Bujari*, #3576, y *Sahih Muslim*, #1856.

ingreso. Después de su misión; y por causa de la misma, su situación económica empeoró drásticamente. Para clarificar esto un poco más, revisemos los siguientes textos sobre de su vida:

- Aa'isha, la esposa de Muhammad ﷺ, dijo dirigiéndose a su sobrino: "Oh sobrino mío, a veces pasaban dos meses sin que se encendiera un fuego (para cocinar la comida) en las casas del Profeta ﷺ ". Su sobrino le preguntó: "Oh tía, ¿qué los sostuvo entonces?", ella dijo: " El agua y los dátiles, pero el Profeta ﷺ tenía algunos vecinos de entre los Ansar quienes tenían camellos que le proporcionaban leche y solían mandarle al Profeta ﷺ algo de su leche."[1]

- Sahl Ibn Sa'ad, uno de los compañeros de Muhammad ﷺ, dijo: "El Profeta de Dios ﷺ no volvió a ver (comer) pan hecho con harina fina desde que fuera comisionado como Profeta hasta el día en que murió."[2]

- Aa'isha la esposa de Muhammad ﷺ, dijo; "El catre sobre el que el Profeta ﷺ dormía estaba hecho de cuero rellenado con fibra de hojas de dátiles."[3]

- Amr Ibn Al Hariz, uno de los compañeros del Profeta ﷺ dijo que cuando el Profeta ﷺ murió no dejó dinero o cosa alguna, excepto su mula blanca sobre la que montaba sus armas y un pedazo de terreno que dio a la caridad.[4]

Muhammad ﷺ vivió esta vida difícil hasta el día en que murió a pesar de que el tesoro de los musulmanes estaba bajo su disposición, la mayor parte de la península arábiga ya era musulmana antes de que muriera y los musulmanes fueron victoriosos dieciocho años después del comienzo de su misión.

¿Será posible que Muhammad ﷺ hubiera pretendido ser profeta para conseguir estatus, grandeza y poder? El deseo de tener poder y status está usualmente asociado con la buena comida, la

(1) Narrado en *Sahih Muslim*, #2972, y *Sahih Al-Bujari*, #2567.

(2) Narrado en *Sahih Al-Bujari*, #5413, y *Al-Tirmizi*, #2364.

(3) Narrado en *Sahih Muslim*, #2082, y *Sahih Al-Bujari*, #6456.

(4) Narrado en *Sahih Al-Bujari*, #2739, y *Musnad Ahmad*, #17990.

ropa fina, palacios monumentales, guardias a su servicio y la autoridad indisputable. ¿Acaso alguno de estos parámetros se puede aplicar a Muhammad ﷺ? Unos cuantos vistazos a su vida nos pueden ayudar a responder esta pregunta.

A pesar de sus responsabilidades de profeta, maestro, hombre de estado y juez, Muhammad ﷺ solía ordeñar su cabra,[1] remendaba su ropa, reparaba sus calzados,[2] ayudaba en las tareas caseras,[3] y visitaba a la gente pobre cuando se enfermaban.[4] También ayudó a sus compañeros a cavar una trinchera y a sacar la arena junto con ellos.[5] Su vida fue un increíble modelo de humildad y sencillez.

Sus seguidores lo amaban, respetaban y confiaban en él de una forma impresionante. Aún así, él continuaba insistiendo que la deificación debía ser dirigida a Dios y no a su persona. Anas, uno de los compañeros del profeta, dijo que no había persona a la que ellos amaran tanto como al Profeta Muhammad ﷺ, pero que cuando él llegaba a ellos no se ponían de pie, como reverencia a él, pues odiaba que lo reverenciaran,[6] tal como otras personas hacen con sus grandes hombres.

Mucho antes de que hubiese alguna perspectiva de éxito para el Islam, y al comienzo de una larga y dolorosa era de tortura, sufrimiento y persecución en contra de Muhammad ﷺ y sus compañeros, él recibió una interesante propuesta. Un mensajero de los líderes paganos, llamado Utba, llegó diciéndole: "... Si lo que quieres es dinero, juntaremos el dinero necesario para que seas el más rico de nosotros. Si lo que quieres es el liderazgo, te haremos nuestro líder y nunca decidiremos sobre algún asunto sin tu aprobación. Si lo que quieres es un reino te haremos nuestro

---

(1) Narrado en *Musnad Ahmad*, #25662.

(2) Narrado en *Sahih Al-Bujari*, #676, y *Musnad Ahmad*, #25517.

(3) Narrado en *Sahih Al-Bujari*, #676, y *Musnad Ahmad*, #23706.

(4) Narrado en *Muwatta' Malek*, #531.

(5) Narrado en *Sahih Al-Bujari*, #3034, y *Sahih Muslim*, #1803, y *Musnad Ahmad*, #18017.

(6) Narrado en *Musnad Ahmad*, #12117, y *Al-Tirmidhi*, #2754.

rey...".Tan sólo una condición le fue requerida a Muhammad ﷺ a cambio de todo aquello, que renunciara a su prédica; que dejara de atraer la gente al Islam y a la adoración de un solo Dios sin asociarle nada. ¿Acaso no es tentadora esta oferta para alguien que busca el beneficio mundano? ¿Acaso se mostró Muhammad ﷺ vacilante cuando le fue hecha la oferta? ¿Acaso la rechazó a manera de estrategia de regateo dejando la puerta abierta para una mejor oferta? La siguiente fue su respuesta: **{En el Nombre de Dios, el Clemente, El Misericordioso}** y posteriormente le recitó a Utba los versos Coránicos del capítulo 41, del 1 al 38.[1] Los siguientes son algunos de los versos mencionados:

❴ **Revelación descendida por el Misericordioso, el Compasivo. Un libro cuyos signos son un claro discernimiento, que ha sido expresado en una Recitación árabe para gente que sabe. Es portador de buenas noticias y advertidor, pero la mayoría de ellos se han apartado y no escuchan.** ❵
(Corán, 41:2-4)

En otra ocasión y en respuesta a la súplica de su tío para que detuviera su prédica; la respuesta de Muhammad ﷺ fue tanto decisiva como sincera: **{ ¡Juro en el Nombre de Dios, Oh tío!, que aunque ellos colocasen el sol en mi mano derecha y la luna en la izquierda, en recompensa, por renunciar a esta cuestión (invitar a la gente al Islam), nunca desistiré hasta que Dios lo haga (Al Islam) triunfar, o yo perezca defendiéndolo.}**[2]

Muhammad ﷺ, y sus pocos seguidores sufrieron no sólo muchas formas de tortura y sacrificio durante trece años, sino que los incrédulos también lo trataron de asesinar varias veces. En una ocasión trataron de romperle la cabeza y asesinarlo con una roca gigante, que apenas podían alzar.[3] En otra ocasión

(1) *Al-Sirah Al-Nabawiah*, Ibn Hisham, vol. 1, pp. 293-294.
(2) *Al-Sirah Al-Nabawiah*, Ibn Hisham, vol. 1, pp. 265-266.
(3) *Al-Sirah Al-Nabawiah*, Ibn Hisham, vol. 1, pp. 298-299.

trataron de matarlo poniendo veneno en su comida.[1] ¿Son estas las características de un hombre ególatra y hambriento de poder? ¿Qué podría justificar tal vida de sufrimiento y sacrificio aún después de que fuera totalmente victorioso sobre sus adversarios? ¿Qué podría explicar la humildad y nobleza que demostró en sus más gloriosos momentos cuando insistió que el éxito se debe tan sólo a la ayuda de Dios y no a su propio genio?

(7) El fenomenal crecimiento del Islam

Al final de este capítulo sería apropiado indicar un importante indicio sobre la veracidad del Islam. Es algo bien conocido que en los Estados Unidos y en todo mundo, el Islam es la religión que más rápido crece. Las siguientes son algunas observaciones sobre el fenómeno:

- "El Islam es la religión que más rápido crece en América, una guía y pilar de estabilidad para mucha de nuestra gente..." (Hillary Rodham Clinton, *Los Angeles Times*).[2]

- "Los musulmanes son el grupo que más rápido crece en el mundo..." (The Population Reference Bureau, *USA Today*).[3]

- "....el Islam es la religión de mas rápido crecimiento en el país." (Geraldine Baum; Newsday Religion Writer, *Newsday*).[4]

Capítulo 1
Algunas evidencias de la veracidad del Islam

---

(1) Narrado en *Al-Darimi*, #68, y *Abu-Dawud*, #4510.

(2) Larry B. Stammer, Times Religion Writer, "First Lady Breaks Ground With Muslims," *Los Angeles Times*, Edicion Local, Metro Section, Parte B, Mayo 31, 1996, p. 3.

(3) Timothy Kenny, "Elsewhere in the World," *USA Today*, Edición Final, News Section, Febrero 17, 1989, p. 4A.

(4) Geraldine Baum, "For Love of Allah," *Newsday*, Edicion de Nassau

- "El Islam, la religión de más rápido crecimiento en los Estados Unidos..." (Ari L. Goldman, *New York Times*).[1]

Este fenómeno nos indica que el Islam es verdaderamente una religión de Dios. Es irracional pensar que tantos americanos y personas de diferentes países se hayan convertido al Islam sin una cuidadosa consideración y profunda contemplación antes de concluir que el Islam es verdadero. Estos conversos provienen de diferentes países, clases, razas y ocupaciones; incluyendo científicos, catedráticos, filósofos y periodistas, políticos, actores, y atletas. (Sírvase visitar **www.islam-guide.com/es/historias** si le interesa leer sobre las historias de gente que se ha convertido al Islam. En esta página web Ud. puede leer las ideas e impresiones de personas que se han convertido al Islam.)

Los puntos mencionados en este capítulo constituyen tan sólo algunas de la evidencias que prueban la afirmación de que el Corán es la palabra literal del Dios, que Muhammad ﷺ es verdaderamente un profeta enviado por Dios y que el Islam es verdaderamente una religión de Dios.

---

(1) Ari L. Goldman, "Mainstream Islam Rapidly Embraced By Black Americans," *New York Times*, Late City Final Edition, Febrero 21, 1989, p. 1.

Capítulo 2

ALGUNOS BENEFICIOS DEL ISLAM

El Islam proporciona muchos beneficios para el individuo y la sociedad. Este capítulo menciona algunos de los beneficios relacionados con el individuo.

(1) La entrada al Paraíso eterno

Dios dijo en el Corán:

❨ **Y dadles la buena noticia a los que creen y practican las acciones de bien, de que tendrán jardines por cuyo suelo corren ríos....** ❩ (Corán, 2:25)

Dios también dijo:

❨ **Tomad delantera hacia un perdón de vuestro Señor y un Jardín (Paraíso) cuya anchura son los cielos y la tierra, que ha sido preparado para los que crean en Dios y en sus mensajeros....** ❩ (Corán, 57:21)

Dios también dijo:

El Profeta Muhammad ﷺ nos dijo que el menor de los habitantes del Paraíso tendrá diez veces más lo mejor de la vida terrenal,[1] y él o ella tendrán lo que deseen multiplicado diez veces.[2] El Profeta también dijo: {**Un espacio en el Paraíso equivalente al tamaño de un pie, será mejor que el mundo y todo lo que hay en él.**}[3] Dijo también: {**En el paraíso hay cosas que ningún**

---

(1) Narrado en *Sahih Muslim*, #186, y *Sahih Al-Bujari*, #6571.
(2) Narrado en *Sahih Muslim*, #188, y *Musnad Ahmad*, #10832.
(3) Narrado en *Sahih Al-Bujari*, #6568, y *Musnad Ahmad*, #13368.

ojo ha visto ni oído escuchado, y que ninguna mente humana ha imaginado.}[1] Dijo también: {El hombre más miserable de este mundo, de entre aquellos que entrarán al Paraíso, será inmerso en él tan sólo una vez, y después se le preguntará, "¡Oh!, hijo de Adán ¿Acaso has enfrentado alguna vez la miseria? ¿Has experimentado alguna vez la dificultad?" y él dirá, "¡No, por Dios! nunca enfrenté miseria alguna, y nunca experimenté dificultad alguna."}[2]

Si entras en el Paraíso vivirás una vida muy feliz, sin enfermedades, infortunios o muerte, y vivirás en él por siempre, Dios dijo en el Corán:

❴ Y a los que creen y practican las acciones de bien, les haremos entrar en jardines (el Paraíso) por cuyo suelo corren los ríos; allí serán inmortales para siempre.... ❵ (Corán, 4:57)

(2) La salvación del castigo del Fuego del Infierno

Dios dijo en el Corán:

❴ El que se niegue a creer y muera siendo incrédulo no se le aceptará ningún rescate; aunque fuese todo el oro que cabe en la tierra. Esos tendrán un castigo doloroso y no habrá quien les auxilie ❵. (Corán, 3:91)

Entonces, esta vida es nuestra única oportunidad para ganar el paraíso y escapar del fuego del infierno, porque si alguien muere en la incredulidad, no tendrá otra oportunidad de volver a este mundo para creer. Dijo Dios en el Corán sobre lo que pasará con los incrédulos en el Día del Juicio Final:

---

(1) Narrado en *Sahih Muslim*, #2825, y *Musnad Ahmad*, #8609.
(2) Narrado en *Sahih Muslim*, #2807, y *Musnad Ahmad*, #12699.

❨ Si los vieras al detenerse ante el fuego y decir: ¡Ay de nosotros si pudiéramos volver! No negaríamos los signos de nuestro Señor y seríamos creyentes!" ❩ (Corán, 6:27)

Pero nadie tendrá esta segunda oportunidad.

El Profeta Muhammad ﷺ dijo: {La persona más afortunada y dichosa en este mundo, de entre aquellos condenados al infierno el Día del juicio será sumergida en el fuego del infierno tan sólo una vez, entonces se le preguntará: "¿Oh hijo de Adán, alguna vez viste algún bien? ¿Has experimentado alguna vez alguna bendición?" y él dirá: "¡Por Dios, no!, ¡Oh Señor!"}[1]

(3) La Felicidad y la verdadera paz interior

La felicidad y la paz verdadera se pueden encontrar mediante el sometimiento a los mandamientos del Creador y Señor de los mundos. Dios dijo en el Corán:

❨ ¿Pues no es acaso el recuerdo de Dios con lo que se tranquilizan los corazones?. ❩ (Corán, 13:28)

Por otro lado, quien se aparte del Corán tendrá en este mundo una vida de dificultad. Dios dijo:

❨ Pero quien se aparte de mi recuerdo,[2]... Es cierto que tendrá una vida mísera y el Día del Levantamiento le haremos comparecer ciego ❩ (Corán, 20:124)

---

(1) Narrado en *Sahih Muslim*, #2807, y *Musnad Ahmad*, #12699.

(2) i.e. El Recuerdo es el Corán. Quien se aparta del Corán es aquel que no cree en él, ni actúa de acuerdo a sus órdenes.

Esto tal vez explique porque algunas personas cometen suicidio siendo que disfrutan de la comodidad material que el dinero puede comprar. Por ejemplo, veamos a Cat Stevens (ahora Yusuf Islam), un famoso cantante Pop que solía ganar algunas veces más de $150.000 dólares por noche. Después de que se convirtió al Islam encontró la verdadera felicidad y paz que no había encontrado en medio del éxito material.[1]

(4) El perdón de todos los pecados anteriores

Cuando alguien se convierte al Islam, Dios le perdona todos sus pecados y malas acciones previas. Un hombre llamado Amr llegó donde el Profeta Muhammad ﷺ y le dijo: "Dame tu mano derecha para que pueda darte mi voto de lealtad para contigo". El Profeta ﷺ estiró su mano derecha, entonces Amr retiró la suya. El Profeta ﷺ le dijo: {¿Qué pasa Amr?} El respondió, "quiero poner una condición". El Profeta ﷺ preguntó: {¿Qué condición pretendes poner?} Amr dijo: "Que Dios perdone mis pecados". El Profeta ﷺ dijo: {¿Acaso no sabes que el hecho de abrazar el Islam borra todos los pecados anteriores (a él)?}[2]

Después de convertirse al Islam, la persona será recompensada por sus buenas o malas obras según el siguiente hadiz del Profeta Muhammad ﷺ: {Vuestro Señor, alabado y exaltado sea, es Misericordiosísimo. Si alguien tiene la intención de hacer una buena obra, pero no la hace, una buena acción le será registrada (de todos modos). Y si la hace, le será registrada (una recompensa superior a la de una sola acción) diez,

(1) La dirección postal actual de Cat Stevens (Yusuf Islam), en caso de que se desee comunicar con él para preguntarle sobre cómo se siente después de su conversión al Islam, es: 2 Digswell Street, London N7 8JX, United Kingdom.
(2) Narrado en *Sahih Muslim*, #121, y *Musnad Ahmad*, #17357.

setecientas o muchas veces más. Y si alguien tiene la intención de hacer una mala acción, pero no la hace, una buena acción le será registrada. Y si la hace, (solamente) una mala acción le será registrada o puede que Dios la borre.}[1]

---

(1) Narrado en *Musnad Ahmad*, #2515, y *Sahih Muslim*, #131.

Capítulo 3

INFORMACIÓN GENERAL SOBRE EL ISLAM

¿Qué es el Islam?

La religión del Islam es la completa aceptación y obediencia a las enseñanzas de Dios, que Él reveló a su Profeta Muhammad ﷺ.

Algunas creencias islámicas básicas

1) La creencia en Dios:

Los musulmanes creen en un Único e Incomparable Dios, que no tiene hijo ni socio, y que Él es el único que posee el derecho de ser adorado. Él es el Dios verdadero y cualquier otra deidad es falsa. Él tiene los más magníficos Nombres, sublimes y perfectos Atributos. Nadie comparte su Divinidad, ni sus Atributos. En el Corán Dios se describe a sí Mismo:

❝ Di: "Él es Dios, Uno. Dios, el Señor Absoluto. (A quien todos se dirigen en sus necesidades). No ha engendrado ni ha sido engendrado. Y no hay nadie que se le parezca." ❞ (Corán, 112:1-4)

El Cap. 112 del Corán escrito en caligrafía árabe.

Nadie tiene el derecho de ser invocado, suplicado, que le sea rezado o le sea dedicado cualquier acto de adoración, sino Dios solamente.

Únicamente Dios es el Todopoderoso, el Creador, el Soberano y Señor de todo lo que hay en el Universo. Él se encarga de todos los asuntos. No necesita ni depende de sus criaturas, y todas sus criaturas dependen de Él. Él es el Omnioyente, el Omnividente. En una forma perfecta, su conocimiento engloba a todas las cosas evidentes y las secretas, lo público y lo privado. Él conoce lo que pasó, lo que pasará y cómo pasará. Nada ocurre en el universo si no es por que Él quiere. Lo que desea es y lo que no desea no es, y nunca será. Su deseo está por encima del deseo de todas sus criaturas. Tiene poder por sobre todas las cosas, y es capaz de hacer todo lo que desea. Es el Graciabilísimo, el Misericordioso, y el Más Benévolo. En uno de los dichos del Profeta Muhammad ﷺ se nos dice que Dios es más misericordioso con sus criaturas de lo que una madre lo es con su hijo.[1] Dios está exento de la injusticia y la tiranía. Es el más sabio en todas su acciones y decretos. Si alguien quiere pedirle a Dios algo debe pedírselo sólo a Él, sin pedirle a alguien más que interceda por él. No existen intermediarios entre Dios y aquellos que buscan Su ayuda.

Dios no es Jesús, y Jesús no es Dios.[2] El mismo Jesús negó eso. Dios dice en el Corán:

---

(1) Narrado en *Sahih Muslim*, #2754, y *Sahih Al-Bujari*, #5999.

(2) Fue reportado por *Associated* Press, Londres, en Junio 25, 1984, que una mayoría de los obispos de la Iglesia Anglicana (La Iglesia de Inglaterra) encuestados por un programa televisivo dijeron: "Los cristianos no están obligados a creer que Jesucristo era Dios." La encuesta le fue hecha a 31 de los 39 obispos de Inglaterra. El reporte afirma también que 19 de los 31 obispos dijeron que era suficiente considerar a Jesús como "el agente supremo de Dios." La encuesta fue conducida por el programa religioso semanal "Credo" de London Weekend Television.

❨ **Realmente han caído en incredulidad quienes dice: Dios es el Ungido, hijo de Maryam. Cuando fue el Ungido quien dijo a los hijos de Israel: ¡Adorad a Dios! Mi Señor y el vuestro. Quien asocie algo con Dios, Dios le vedará el jardín y su refugio será el Fuego. No hay quien auxilie a los injustos.**[1] ❩ (Corán, 5:72)

Dios no es una Trinidad. Dios dijo en el Corán:

❨ **Y han caído en incredulidad los que dicen: Dios es el tercero de tres, cuando no hay sino un único Dios si no dejan de decir lo que dicen, ésos que han caído en la incredulidad tendrán un castigo doloroso. ¿Es que no van a volverse hacia Dios y Le van a pedir perdón? Dios es perdonador y Compasivo. El Ungido, hijo de Maryam, no es más que un mensajero antes del cual ya hubo otros mensajeros...** ❩ (Corán, 5:73-75)

El Islam niega que Dios descansó en el séptimo día de la Creación, que Él luchó con uno de Sus ángeles, que Él es un envidioso conspirador contra la raza humana o que Él se ha encarnado en algún ser humano. El Islam también rechaza la atribución de cualquier forma humana a Dios. Todas estas cosas son consideradas blasfemas. Dios es el Exaltado. Está muy lejos de cualquier imperfección. Nunca se fatiga y ni la somnolencia, ni el sueño le afectan.

La palabra árabe *Allah* significa Dios (el Dios Uno y Único que creó todo el Universo). Esta palabra '*Allah*' es el nombre para Dios, utilizado por las personas que hablan árabe, tanto cristianos, como musulmanes. Esta palabra, la cual no tiene forma femenina ni plural, no puede ser utilizada para designar algo que no sea el Único Dios verdadero. La palabra árabe Allah aparece en el Corán cerca de 2.700 veces. En arameo, un idioma muy cercano

---

(1) 'Los injustos' incluye a los politeístas.

y afín con el árabe, que era el idioma que Jesús habitualmente hablaba,[1] Dios es referido también como Allah.

2) La creencia en los Ángeles:

Los musulmanes creen en la existencia de los Ángeles y que estos son criaturas honorables. Los ángeles sólo adoran a Dios, le obedecen y actúan sólo por órdenes suyas. Entre los ángeles está Gabriel, quien descendió el Corán al Profeta Muhammad ﷺ.

3) La creencia en los libros revelados por Dios:

Los musulmanes creen que Dios reveló las escrituras a sus mensajeros como prueba para la humanidad y como una guía para la misma. Entre esos libros se encuentra el Corán que Dios reveló al Profeta Muhammad ﷺ. Dios ha garantizado la protección del Corán de cualquier corrupción o distorsión, Dios dijo:

❴ **Nosotros hemos hecho descender el Recuerdo (el Corán) y somos sus guardianes.**❵
(Corán, 15:9)

4) La creencia en los profetas y mensajeros de Dios:

Los musulmanes creen en los profetas y mensajeros de Dios, comenzando con Adán, incluyendo a Noé, Abraham, Ismael, Isaac, Jacob, Moisés y Jesús (La Paz sea sobre todos ellos). Pero el último mensaje de Dios para el hombre, una reconfirmación del eterno mensaje, le fue revelado al Profeta Muhammad ﷺ. Los musulmanes creen que Muhammad ﷺ es el último profeta enviado por Dios, tal y como lo dice Dios:

❴ **Muhammad no es el padre de ninguno de vuestros hombres, sino que es el Mensajero de Dios y el sello de los profetas...** ❵ (Corán, 33:40)

---

(1) *NIV Compact Dictionary of the Bible* [Diccionario Compacto de la Biblia NIV], Douglas, p. 42.

Los musulmanes creen que todos los profetas y mensajeros fueron creados como seres humanos que no poseían ninguna de las cualidades y atributos divinos de Dios.

5) La creencia en el Día del Juicio:

El musulmán cree en el Día del Juicio (El Día de la Resurrección) cuando todas las personas serán resucitadas para ser juzgadas por Dios según sus creencias y acciones.

6) La creencia en *Al-Qadar*:

Los musulmanes creen en el *Al-Qadar* que es la Divina Predestinación, pero esta creencia en la Divina Predestinación no significa que el ser humano no tiene libre albedrío. Al contrario, los musulmanes creen que Dios ha dado a los seres humanos el libre albedrío. Esto significa que ellos pueden escoger entre el bien y el mal, y que ellos son responsables por sus decisiones.

La creencia en la Divina Predestinación incluye la creencia en cuatro conceptos: 1) Dios sabe todas las cosas. Conoce lo que ha pasado y lo que va a pasar. 2) Dios ha registrado todo lo que ha pasado y todo lo que pasará hasta el Día del Juicio. 3) Cualquier cosa que Dios quiera que pase sucede, y cualquier cosa que Dios no quiera que suceda no pasa. 4) Dios es el creador de todo.

¿Existen otras fuentes sagradas aparte del Corán?

Sí, La *Sunnah* (lo que el Profeta Muhammad ﷺ dijo, hizo o aprobó) es la segunda fuente sagrada en el Islam. La Sunnah está compuesta por los Hadices, los cuales son reportes confiables sobre lo que dijo, hizo y aprobó el Profeta Muhammad ﷺ, transmitidos por sus compañeros (que Dios esté complacido con ellos). La creencia en la Sunnah, es una creencia islámica básica.

Ejemplos de los dichos del Profeta Muhammad ﷺ

- {Los creyentes son, en cuanto a su amor, misericordia y bondad entre ellos, como un (solo) cuerpo: si algún miembro del mismo adolece, todo el cuerpo siente falta de sueño y fiebre.}[1]

- {Los creyentes con la mejor fe son aquellos de mejor carácter. Y los mejores de entre ellos son aquellos que tratan mejor a sus esposas.}[2]

- {Ninguno de vosotros habrá creído (completamente) hasta que desee para su hermano lo que desea para sí mismo.}[3]

- {A la gente misericordiosa el Misericordiosísimo (Dios) les muestra misericordia. Mostrad misericordia con la gente de la tierra, y Dios mostrará misericordia para con vosotros.}[4]

- {Sonreirle a tu hermanos es caridad...}[5]

- {Una buena palabra es caridad.}[6]

- {Quien crea en Dios y en el Día del Juicio debe ser bueno con su vecino.}[7]

- {Dios no os juzga de acuerdo a vuestra apariencia y riqueza, sino que mira en vuestros corazones y acciones.}[8]

---

(1) Narrado en *Sahih Muslim*, #2586, y *Sahih Al-Bujari*, #6011.

(2) Narrado en *Musnad Ahmad*, #7354, y *Al-Tirmidhi*, #1162.

(3) Narrado en *Sahih Al-Bujari*, #13, y *Sahih Muslim*, #45.

(4) Narrado en *Al-Tirmidhi*, #1924, y *Abu-Dawud*, #4941.

(5) Narrado en *Al-Tirmidhi*, #1956.

(6) Narrado en *Sahih Muslim*, #1009, y *Sahih Al-Bujari*, #2989.

(7) Narrado en *Sahih Muslim*, #48, y *Sahih Al-Bujari*, #6019.

(8) Narrado en *Sahih Muslim*, #2564.

- {Pagad al trabajador su sueldo antes de que su sudor se seque.}[1]

- {Un hombre que caminaba por un sendero se sintió muy sediento. Al llegar a un pozo de agua descendió en él. Bebió hasta saciarse y después salió. Entonces vio un perro con la lengua colgando y jadeante, tratando de lamer el barro para calmar su sed. El hombre se dijo, "Este perro esta sintiendo la misma sed que (yo) sentía". Entonces volvió a descender al pozo llenó su zapato con agua para posteriormente darle de beber al can. Por esto Dios le agradeció y le perdonó sus pecados}. Alguien le preguntó al Profeta ﷺ, "Mensajero de Dios, ¿Acaso somos recompensados por tener bondad para con los animales?" El dijo: {Existe recompensa para quien tiene benevolencia hacia cualquier criatura viviente.}[2]

¿Qué es lo que el Islam dice sobre el Día del Juicio Final?

Al igual que los cristianos, los musulmanes creen que la vida presente es tan sólo una prueba preparatoria para la próxima existencia. Esta vida es un examen para cada individuo. El día llegará en que el universo sea destruido por completo y que los muertos sean resucitados para el juicio de Dios. Este día será el comienzo de una vida que nunca terminará. Este es el Día del Juicio. En aquél día, todas las personas serán recompensadas por Dios de acuerdo con sus creencias y acciones. Aquellos que mueren creyendo que **"No hay dios verdadero sino Dios, y que Muhammad ﷺ es el mensajero (Profeta) de Dios"** y son musulmanes, serán recompensados en aquel día y serán admitidos en el Paraíso para siempre, como Dios dijo:

(1) Narrado en *Ibn Mayah*, #2443.
(2) Narrado en *Sahih Muslim*, #2244, y *Sahih Al-Bujari*, #2466.

❨ **Y los que crean y practiquen las acciones de bien... Esos son lo compañeros del Jardín, donde serán inmortales.** ❩ (Corán, 2:82)

Pero aquellos que mueran sin creer que: **"No hay más dios que Dios, y que Muhammad es el mensajero (Profeta) de Dios"** y no son musulmanes, perderán el Paraíso por siempre y serán enviados al Fuego del Infierno, como Dios dijo:

❨ **Y quien desee otra práctica de adoración que no sea el Islam, no le será aceptada y en la última vida será de los perdedores.** ❩ (Corán, 3:85)

Y dijo también:

❨ **El que se niegue a creer y muera siendo incrédulo no se le aceptará ningún rescate; aunque diera todo el oro que cabe en la tierra. Esos tendrán un castigo doloroso y no habrá quien les auxilie.** ❩ (Corán, 3:91)

La persona se ha de preguntar: 'Yo creo que el Islam es una buena religión, pero si me convirtiese al Islam mi familia, amigos y otras personas se burlarían de mi o hasta me perseguirían, así que ¿Si no me convierto al Islam, entraré al Paraíso y estaré a salvo del fuego del Infierno?'

La respuesta a esta pregunta es lo que Dios ha dicho en el anterior verso: **"Y quien desee otra practica de Adoración que no sea el Islam, no le será aceptada y en la última vida será de los perdedores."**

Después de haber enviado al Profeta Muhammad ﷺ para que llame a la gente al Islam, Dios no acepta la adherencia a cualquier otra religión que no sea el Islam. Quienquiera que muera sin ser musulmán perderá el Paraíso por siempre y será enviado al fuego del Infierno. Dios es nuestro creador y sustentador. Él ha creado para nosotros todo lo que hay en la tierra. Todas las bendiciones y cosas buenas que tenemos son de Él. Por lo tanto, cuando alguien rechaza la creencia en Dios, su Profeta ﷺ o su religión el Islam, es justo que él o ella sean castigados en la próxima vida. De hecho, el principal objeto de nuestra creación es el de adorar solamente a Dios y obedecerle, tal y como Dios dice en el Corán **(51:56)**.

Esta vida que vivimos ahora es muy corta. Los incrédulos en el Día del Juicio pensarán o les parecerá que la vida que vivieron en la Tierra no duro más que un día o parte de un día, dice Dios en el Corán:

> ❴ **(Dios) dirá: ¿Cuántos años estuvisteis en la tierra? Dirán: Estuvimos un día o parte de un día....**" ❵ (Corán, 23:112-113)

Y dijo también:

> ❴ **¿Acaso pensasteis que os habíamos creado únicamente como diversión y que no habrías de volver a Nosotros? ¡Ensalzado sea Dios, el Rey Verdadero, no hay dios sino Él, el Señor del noble trono!...** ❵ (Corán, 23:115-116)

La vida del Mas Allá es una vida bien real. No solo es espiritual, sino que es física también. Habremos de vivir en el con nuestros cuerpos y almas.

Al comparar este mundo con la otra vida, el Profeta Muhammad ﷺ dijo: **{El valor de este mundo comparado con el del más allá, es como lo que vuestro dedo saca del mar cuando lo introducís en él y cuando lo sacáis.}**[1] El significado de este hadiz, es que el valor de este mundo comparado con la otra vida es como el de unas pocas gotas comparadas con la inmensidad del mar.

---

(1) Narrado en *Sahih Muslim*, #2858, y *Musnad Ahmad*, #17560.

¿Cómo es que uno se convierte en musulmán?

Simplemente con decir: *"La ilaha illa Allah, Muhammad dun rasúlu Allah"*, con convicción uno se convierte al Islam y se hace musulmán. Esta frase significa: **"No existe dios verdadero sino Dios (Allah),**[1] **y Muhammad es el Mensajero (Profeta) de Dios".** La primera parte, "No existe dios verdadero sino Dios", significa que nadie tiene el derecho de ser adorado sino Dios, y que Dios no tiene socios en Su reino ni hijos. Para ser musulmán uno también debe:

- Creer que el Sagrado Corán es la literal palabra de Dios, revelada por Él.

- Creer en el Día del Juicio (el Día de la Resurrección) es verdadero y que vendrá a pasar tal como Dios ha prometido en el Corán.

- Aceptar el Islam como su religión.

- No adorar a nada ni nadie excepto Dios.

El Profeta Muhammad ﷺ dijo: {**La alegría de Dios, cuando alguno de vosotros se vuelve a Él en arrepentimiento, es mayor a la que alguno de vosotros sentiría si estuviese cabalgando sobre su camello en el (inhóspito) desierto, y éste se escapase de él, junto con todas sus provisiones, dejándolo sin la más mínima esperanza. El hombre llega a un árbol y se refugia bajo su sombra (esperando la muerte), pues ha perdido toda esperanza de encontrar a su camello. Entonces, mientras él se encuentra en ese estado (de desesperación), sorpresivamente su camello aparece ahí en frente suyo. Lo**

(1) Como fuera mencionado anteriormente, la palabra árabe *Allah* significa Dios (El único Dios verdadero Quien creo todo el universo). Esta palabra *Allah* es el nombre utilizado por las personas de habla árabe, tanto musulmanes como cristianos, para referirse a Dios. Para más detalles sobre la palabra *Allah*, refiérase a la página 57.

El testimonio, "No existe dios verdadero sino Dios, y Muhammad es el mensajero (Profeta) de Dios", escrito sobre una entrada.

agarra por sus riendas y grita desde lo mas profundo de su alegría:" ¡Oh Dios, Tu eres mi siervo y yo soy tu señor!" Su error fue motivado por la intensidad de su alegría.}[1]

¿Sobre qué trata el Corán?

El Corán, la última revelación de Dios, es la fuente primordial de la fe, y práctica de cada musulmán. El Corán trata todos los temas que se relacionan con los seres humanos: sabiduría, doctrina, adoración, transacciones, leyes, etc., pero su tema básico es la relación entre Dios y sus criaturas. Al mismo tiempo provee líneas de Guía y detalladas enseñanzas para lograr una sociedad justa, una conducta humana correcta y un sistema económico equitativo.

Nótese que el Corán fue revelado en árabe al Profeta

---

(1) Narrado en *Sahih Muslim*, #2747, y *Sahih Al-Bujari*, #6309.

Muhammad ﷺ, por lo tanto cualquier traducción del mismo, ya sea en castellano o en cualquier otro idioma, no es el Corán, ni es una versión del mismo; es tan solo una traducción de los significados del Corán. El Corán como tal, existe tan solo en árabe tal y como fuera revelado.

¿Quién es el Profeta Muhammad ﷺ?

Muhammad ﷺ nació en la Meca, en el año 570 de la E.C. Siendo que su padre había muerto antes de su nacimiento y su madre poco después de su nacimiento, Muhammad ﷺ, fue criado por su tío quien pertenecía a una respetada tribu de Curaish. Fue criado analfabeto, no podía leer o escribir, y así permaneció hasta el día de su muerte. Al crecer, se hizo conocido entre su gente por ser veraz, confiable, generoso y sincero. Era tan veraz que lo llamaban de "el confiable".[1] Muhammad ﷺ era muy religioso y siempre detestó la decadencia y la idolatría de su sociedad.

A la edad de 40, Muhammad ﷺ recibió su primera revelación a través del Arcángel Gabriel. Las revelaciones continuaron durante veintitrés años y son colectivamente conocidas como el Corán.

Tan pronto como empezó a recitar el Corán y a predicar la verdad que Dios le había revelado, él y su pequeño grupo de seguidores sufrieron la persecución de los incrédulos. Esa persecución se hizo tan feroz que en el año 622, Dios les dio la orden de emigrar. Esa emigración de La Meca a la ciudad de Medinah, a unos 400 Km. al norte, marca el comienzo del calendario musulmán.

Después de varios años, Muhammad ﷺ y sus seguidores volvieron a Meca (triunfantes), donde perdonaron a sus enemigos y perseguidores. Antes de que Muhammad ﷺ muriera a la edad de 63 años, la mayor parte de la península arábiga se había convertido al Islam y en el transcurso de un siglo después de su muerte, el Islam se había esparcido hacia España en el Occidente

---

(1) Narrado en *Musnad Ahmad*, #15078.

La Mezquita del Profeta Muhammad ﷺ en Medinah.

y tan lejos como China en el Este. Entre las razones de la rápida y pacífica expansión del Islam, estaba la verdad y claridad de sus doctrinas. El Islam llama a la fe en un solo Dios, que es Él único que merece la adoración.

El Profeta Muhammad ﷺ fue el ejemplo perfecto de un ser humano honesto, justo misericordioso, compasivo, veraz, confiable y valiente. Estaba muy lejos de cualquier característica maligna y luchó solamente por la causa de Dios y Su recompensa en la Otra Vida. Más aun, era en todas sus acciones y tratos muy consciente y temeroso de Dios.

¿Cómo influyó la propagación del Islam en el desarrollo de la ciencia?

El Islam instruye al hombre para que utilice su poder de inteligencia y observación. En unos pocos años de propagación de la religión, grandes civilizaciones y universidades florecían. La síntesis de las ideas orientales con las occidentales y de ideas nuevas con antiguas, trajo consigo grandes avances en la medicina, matemáticas, física, astronomía, geografía, arquitectura, arte, literatura e historia. Muchos sistemas cruciales tales como Álgebra, los números arábicos y el concepto

El Astrolabio: Uno de los más importantes instrumentos científicos desarrollado por los musulmanes y que fuera ampliamente utilizado en el occidente hasta tiempos modernos.

del cero (vital para el avance de las matemáticas), fueron transmitidos a la Europa medieval por los musulmanes. Instrumentos sofisticados que harían posible los viajes de descubrimiento europeos, tales como el Astrolabio, el cuadrante y buenos mapas de navegación, fueron desarrollados por los musulmanes.

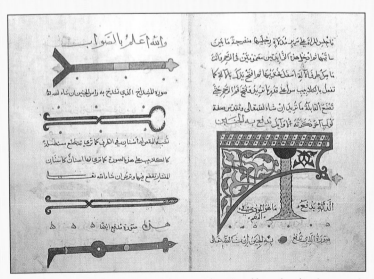

Los médicos musulmanes prestaban mucha atención a la cirugía y por lo tanto desarrollaron muchos instrumentos quirúrgicos tal y como se ve en este manuscrito antiguo.

25

¿Qué es lo que los musulmanes creen sobre Jesús?

Los musulmanes respetan y reverencian a Jesús (La Paz se a con él). Lo consideran uno de los más grandes mensajeros de Dios para la humanidad. El Corán confirma su nacimiento virginal. Dios purificó a su madre María. Existe un capítulo entero en el Corán llamado *"Maryam"* (María). El Corán describe el nacimiento de Jesús como sigue:

> ❨ **Cuando dijeron los ángeles ¡Maryam! Dios te anuncia una palabra procedente de Él cuyo nombre será el Ungido, Isa hijo de Maryam; tendrá un alto rango en esta vida y en la última; y será de los que tengan proximidad. En la cuna y siendo un Hombre maduro, hablará a la gente y será de los justos. Dijo (María): ¡Señor mío! ¿Cómo voy a tener un hijo si ningún hombre me ha tocado? Dijo: Así será, Dios crea lo que quiere; cuando decide un asunto le basta decir: ¡Sé! Y es. ❩** (Corán, 3:45-47)

Jesús nació milagrosamente [sin padre] por orden de Dios quien creó a Adán sin padre ni madre. Dios dijo:

> ❨ **Verdaderamente Isa (Jesús), ante Dios, es como Adán lo creó de tierra y luego le dijo: ¡Sé! Y fue. ❩** (Corán, 3:59)

Durante su misión profética, Jesús hizo varios milagros. Dios nos dice que Jesús dijo:

> ❨ **Y les enseñará la Escritura y la Sabiduría, la torá y el Inyil (el evangelio). Y será un mensajero para los hijos de Israel (y les dirá): He venido a vosotros con un signo de vuestro Señor. Voy a crear para vosotros, a partir del**

barro, algo con forma de ave. Soplaré en ello y será un ave con permiso de Dios. Y sanaré al ciego y al leproso y daré vida a los muertos con permiso de Dios y os diré (Sin verlo) lo que coméis y lo que guardáis en vuestra casas. Y, si sois creyentes, en ello tenéis un signo. ⟩ (Corán, 3:49)

Los musulmanes creen que Jesús no fue crucificado (y mucho menos que murió en la cruz). Era el plan de los enemigos de Jesús el crucificarlo (y matarlo), pero Dios lo salvó y lo elevó hacia Sí. La apariencia de Jesús fue colocada sobre otra persona, y los enemigos de Jesús aprendieron a este hombre y lo crucificaron, pensando que era Jesús. Dios dijo:

⟨ ...Y dijeron (Los judíos): Hemos matado al Mesías Jesús hijo de María, el Mensajero de Dios. Pero no le mataron ni le crucificaron, sino que se les hizo confundir con otro a quien mataron en su lugar. Quienes discrepan sobre él tienen dudas al respecto. No tienen conocimiento certero, sino que siguen suposiciones, y ciertamente no lo mataron... ⟩ (Corán, 4:157)

La mezquita del Aqsa en Jerusalén.

Tanto Muhammad ﷺ como Jesús no vinieron a cambiar la doctrina básica de la creencia en un solo Dios, traída por lo profetas anteriores, sino a confirmarla y a renovarla.[1]

¿Qué es lo que el Islam dice sobre el Terrorismo?

El Islam, una religión de misericordia, no permite el Terrorismo. Dios dijo en el Corán:

❰ **Dios no os prohíbe que tratéis bien y con justicia a los que no os hayan combatido a causa de vuestra creencia ni os hayan hecho abandonar vuestros hogares. Es cierto que Dios ama a los equitativos.** ❱ (Corán, 60:8)

---

(1) Los musulmanes también creen que Dios le reveló un libro sagrado a Jesús llamado *al-Inyil*, algunas partes del mismo puede que aún estén presentes en lo que se vino a llamar el Nuevo Testamento. Esto no quiere decir que los musulmanes creen en la Biblia que poseemos hoy en día, pues estas no son las escrituras originales que fueran reveladas por Dios. Estas sufrieron alteraciones, adiciones y omisiones. Esto también fue dicho por el Comité encargado de revisar *The Holy Bible (Revised Standard Version)* [La Santa Biblia (Versión Revisada Estándar)] en los Estados Unidos. Este comité estaba formado por treinta y dos eruditos. Estos confirmaron la revisión y asesoria de un Panel Consultivo formado por cincuenta representantes de las diferentes denominaciones cooperantes. El Comité dijo en el Prefacio a *The Holy Bible (Revised Standard Version)*, p. 4: "En algunas ocasiones se hace evidente que el texto ha sufrido en su transmisión, pero ninguna de las versiones provee una restauración satisfactoria. En estos casos, lo único que podemos hacer es seguir el juicio de eruditos competentes en cuanto a la mas probable reconstrucción del texto original." El Comité también dijo en su Prefacio p.7: " Notas han sido adicionadas que indican las variaciones significantes, adiciones, u omisiones en las antiguas autoridades (Mat. 9.34; Mar. 3.16; 7.4; Luc. 24.32, 51, etc.)."

El Profeta Muhammad ﷺ prohibía a los soldados matar a mujeres y niños,[1] y los aconsejaba diciéndoles: { **...No traicionéis, no os excedáis, no matéis a los recién nacidos.**}[2] Y dijo también: **{Quien quiera que haya matado a una persona que tuviese un pacto con los musulmanes, no olerá la fragancia del Paraíso, a pesar de que ésta se puede percibir a una distancia de 40 años (de viaje).}**[3]

El Profeta Muhammad ﷺ prohibió también el castigo con fuego.[4]

En una ocasión calificó al asesinato como el segundo de los pecados grandes (Capitales),[5] y más aún advirtió a la gente que en el Día del Juicio: **{Los primeros casos a ser juzgados entre la gente en el Día del Juicio serán aquellos de derramamiento de sangre.[6]}**[7]

Los musulmanes hasta son incentivados para que sean misericordiosos con los animales, y les es prohibido lastimarlos. Cierta vez el Profeta ﷺ dijo: **{Una mujer fue castigada (por Dios) por aprisionar a un gato hasta la muerte. Debido a esto fue condenada al Infierno. Mientras que lo tenía aprisionado no le dio de comer ni beber, no lo dejaba libre para que pudiera cazar y comer los insectos de la tierra}**[8]

También dijo que un hombre le dio de beber a un perro muy sediento, por lo cual Dios le perdonó sus pecados. Entonces el Profeta ﷺ fue preguntado: ¿Acaso somos recompensados por tener bondad para con los animales?, dijo: **{Existe recompensa**

---

(1) Narrado en *Sahih Muslim*, #1744, y *Sahih Al-Bujari*, #3015.

(2) Narrado en *Sahih Muslim*, #1731, y *Al-Tirmidhi*, #1408.

(3) Narrado en *Sahih Al-Bujari*, #3166, y *Ibn Mayah*, #2686.

(4) Narrado en *Abu-Dawud*, #2675.

(5) Narrado en *Sahih Al-Bujari*, #6871, y *Sahih Muslim*, #88.

(6) Esto significa el asesinar y lastimar.

(7) Narrado en *Sahih Muslim*, #1678, y *Sahih Al-Bujari*, #6533.

(8) Narrado en *Sahih Muslim*, #2422, y *Sahih Al-Bujari*, #2365.

para quien tiene benevolencia para con cualquier criatura viviente.}[1]

En adición a esto, los musulmanes son ordenados por Dios, que cuando tomen la vida de un animal para alimentarse de él, lo hagan de la manera que le cause el mínimo terror y sufrimiento posible. El Profeta Muhammad ﷺ dijo: **{Cuando degolléis a un animal, hacedlo en la mejor manera. Deberéis afilar vuestros cuchillos para reducir el sufrimiento del animal}**[2]

A la luz de este, y otros textos islámicos, el incitar el terror en los corazones de indefensos civiles, la total destrucción de edificios y propiedades, la explosión de bombas y mutilación de hombres, mujeres y niños inocentes, son todos actos prohibidos y detestables de acuerdo con el Islam y los musulmanes. Los musulmanes siguen una religión de Paz, misericordia y perdón, y la vasta mayoría de ellos no tienen nada que ver con los violentos eventos que algunos han asociado con los musulmanes. Si un musulmán comete un acto de terrorismo, esa persona será culpable de violar la ley del Islam.

Los Derechos Humanos y la Justicia en el Islam

El Islam provee muchos derechos al individuo, los siguientes son algunos de esos derechos que el Islam protege.

La vida y propiedad de todos los ciudadanos en un estado islámico son considerados sagrados, sin importar si la persona es musulmana o no. El Islam también protege el honor, así pues en el Islam el dirigir malas palabras a los demás o el burlarse de ellos no esta permitido. El Profeta Muhammad ﷺ dijo: **{Ciertamente**

---

(1) Este dicho de Muhammad ﷺ ha sido mencionado con mayor detalle en la página 61. Narrado en *Sahih Muslim*, #2244, y *Sahih Al-Bujari*, #2466.
(2) Narrado en *Sahih Muslim*, #1955, y *Al-Tirmidhi*, #1409.

vuestra sangre, vuestros bienes, y vuestro honor son inviolables.}[1]

El racismo no está permitido en el Islam, pues el Corán habla de la igualdad entre los hombres en los siguientes términos:

❰ **¡Hombres! Os hemos creado a partir de un varón y de una hembra y os hemos hecho pueblos y tribus distintos para que os reconocierais unos a otros. Y en verdad que el más noble de vosotros ante Dios es el que más le teme.[2] Dios es conocedor y está perfectamente informado.** ❱ (Corán, 49:13)

El Islam rechaza la idea del favorecimiento de ciertos individuos o naciones debido a sus riquezas, poder o raza. Dios creó a los seres humanos como seres iguales que deberán ser distinguidos entre si tan solo basados en la piedad y la fe. El Profeta Muhammad ﷺ dijo: {' ¡Oh gente! Vuestro Dios es uno y vuestro ancestro (Adán) es uno. Un árabe no es mejor que un no árabe, y un no árabe no es mejor que un árabe, y una persona roja no es mejor que una persona negra y una persona negra no es mejor que una roja,[3] excepto por la piedad.}[4]

Uno de los principales problemas que confronta la humanidad hoy en día es el racismo. El mundo desarrollado puede mandar a un hombre a la luna, pero no puede hacer que el hombre deje de odiar y luchar contra su semejante. Desde la época del Profeta ﷺ, el Islam ha sido un vívido ejemplo de como el racismo puede

---

(1) Narrado en *Sahih Al-Bujari*, #1739, y *Musnad Ahmad*, #2037.

(2) Una persona timorata y piadosa es aquel/aquella creyente que se abstiene de toda clase de pecados, practica todas las buenas obras que Dios nos ordena hacer, le teme y ama a Dios.

(3) Los colores mencionados en este dicho profético son ejemplos. El significado del *hadiz* es que en el Islam nadie es mejor que nadie debido a su color, ya sea este blanco, negro, rojo, o cualquier otro color.

(4) Narrado en *Musnad Ahmad*, #22978.

ser acabado. El peregrinaje anual a la Meca (*Hayy*) nos muestra la verdadera hermandad islámica de todas las razas y naciones, cuando cerca de dos millones de musulmanes de todas partes de mundo se reúnen en la Meca para realizar el peregrinaje.

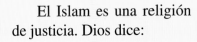

El Islam es una religión de justicia. Dios dice:

❴ **Dios os ordena devolver los depósitos a sus dueños y que cuando juzguéis entre los hombres lo hagáis con justicia. ¡Qué bueno es aquello a lo que Dios os exhorta!....** ❵ (Corán, 4:58)

Y también dijo:

❴ **...Sed justos, pues Dios ama a quienes establecen la justicia.** ❵ (Corán, 49:9)

Debemos ser justos hasta con aquellos que odiamos, tal y como lo dijo Dios:

❴ **...¡Vosotros que creéis! Sed firmes a favor de Dios, dando testimonio con equidad. Y que el odio que podáis sentir por unos, no os lleve al extremo de no ser justos. ¡Sed justos! Eso se acerca más a la temerosidad...**❵ (Corán, 5:8)

El Profeta Muhammad ﷺ dijo: {**¡Oh gentes! Cuidaos de**

la injusticia,¹ pues la injusticia será oscuridad el Día del Juicio.}²

Y aquellos que no han recibido lo que por derecho les corresponde (es decir, sobre lo que tienen un justo reclamo) en esta vida, lo recibirá en el Día del Juicio, como el Profeta ﷺ dijo: **{En el Día del Juicio, los derechos serán restituidos a aquellos que fueran desposeídos (de los mismos)...}³**

¿Cuál es la posición de la mujer en el Islam?

El Islam ve a la mujer, ya sea casada o soltera, como un individuo con sus propios derechos, con el derecho de poseer y disponer de sus bienes e ingresos sin ningún tipo de tutoría sobre ella (ya sea este su padre, esposo o cualquier otra persona). Tiene el derecho de comprar y vender, dar regalos y caridad y puede gastar su dinero como le plazca. Una dote matrimonial le es dada a la novia por parte del novio para su uso personal y la misma mantiene su propio apellido en vez de tomar el de su esposo.

El Islam incita al marido a tratar bien a su esposa, como dijo el Profeta Muhammad ﷺ: **{Los mejores de entre vosotros son aquellos que mejor tratan a sus esposas.}⁴**

Las madres en el Islam son altamente honradas. El Islam

---

(1) Es decir, oprimiendo a los otros, actuando injustamente, o maltratándolos.
(2) Narrado en *Musnad Ahmad*, #5798, y *Sahih Al-Bujari*, #2447.
(3) Narrado en *Sahih Muslim*, #2582, y *Musnad Ahmad*, #7163.
(4) Narrado en *Ibn Mayah*, #1978, y *Al-Tirmidhi*, #3895.

recomienda que se las trate de la mejor manera. **"Un hombre vino al Profeta Muhammad ﷺ y le dijo: "Oh, mensajero de Dios! ¿Quién de entre toda la gente es quien más merece el mejor cuidado (y compañía)?" El Profeta ﷺ dijo: {Tu madre} el hombre dijo, "Después (de ella) ¿Quién?", el Profeta ﷺ dijo: {Después tu madre}. El hombre nuevamente inquirió "Después ¿Quién?" El Profeta ﷺ le dijo: {Después tu madre} El hombre volvió a preguntar; "Después ¿Quién?" El Profeta ﷺ dijo: {Después tu padre.}**[1]

La familia en el Islam

La familia, que es la unidad básica de la civilización se esta desintegrando hoy en día. El sistema familiar islámico le da a los derechos del marido, la esposa, los hijos y parientes un equilibrio perfecto. Fomenta el comportamiento no egoísta, la generosidad y el amor en el marco de un bien organizado sistema familiar. La paz y seguridad que ofrece una unidad familiar estable es altamente apreciada, y es considerada como esencial para el crecimiento espiritual de sus miembros. Un armonioso orden social se crea con la existencia de familias con una relación duradera, y la valorización de los hijos.

¿Cómo es que los musulmanes tratan a los ancianos?

En el mundo islámico, uno raramente encuentra asilos o instituciones destinadas al cuidado de los ancianos. El esfuerzo de cuidar a los padres en esta dificilísima etapa de su vida es considerado un honor, una bendición y una oportunidad de crecimiento espiritual muy grande. En el Islam, no es suficiente que tan solo oremos por nuestros padres, sino que debemos

1) Narrado en *Sahih Muslim*, #2548, y *Sahih Al-Bujari*, #5971.

tratarlos con una ilimitada compasión, recordando que cuando éramos unos niños desvalidos ellos nos prefirieron a si mismos. Las madres son particularmente honradas. Cuando los padres musulmanes alcanzan la senilidad, son tratados con misericordia, gentileza y desprendimiento.

En el Islam, el servir a los padres es una obligación que viene después de la oración, y es derecho de los mismos el esperarla de los hijos. Es considerado despreciable el expresar cualquier forma de irritación cuando, sin que sea falta de ellos mismos, los ancianos se ponen difíciles.

Dios dice:

> ⟪ Tu Señor ha ordenado que adoréis sino a Él y que seáis benévolos con vuestros padres. Si uno de ellos o ambos llegan a la vejez, no seáis insolentes con ellos y ni siquiera les digáis: ¡Uf! Y háblales con dulzura y respeto. Trátales con humildad y clemencia, y ruega: ¡Oh, Señor mío! Ten misericordia de ellos como ellos la tuvieron conmigo cuando me educaron siendo pequeño. ⟫ (Corán, 17:23-24)

¿Cuáles son los pilares del Islam?

Los cinco pilares del Islam son la esencia misma de la vida de un musulmán: El testimonio de fe, la Oración, dar el *Zakat* (Ayuda a los pobres), ayunar durante el mes del Ramadán y la peregrinación a la Meca una vez en la vida para aquellos que tengan las posibilidades de hacerlo.

1) El Testimonio de Fe:

El testimonio de fe consiste en decir con fe y convicción *"la Ilaha illa Allah, Muhammad rasúl Allah"* esto significa:

"No existe dios verdadero sino Dios (Allah),[1] y Muhammad es el Mensajero (Profeta) de Dios". La primera parte del testimonio significa que nadie tiene derecho de se adorado sino Dios y que Dios no tiene ni socios, ni hijo. Este testimonio de fe es llamado la "Shahadah", una formula simple que deberá ser dicha con convicción para convertirse al Islam (como fuera explicado anteriormente en la página 64). El testimonio de fe es el más importante pilar del Islam.

2) La oración:

Los musulmanes rezan cinco oraciones diariamente cada oración no dura más que unos cuantos minutos en ser realizada. La oración en el Islam es la conexión directa entre Dios y el creyente. No existen intermediarios entre Dios y el creyente.

En la oración, la persona siente una paz interior, felicidad, que se reconforta, y que Dios está complacido con ella o él. El Profeta ﷺ dijo, {¡Oh, Bilal! Confortadnos con la oración.}[2] Bilal era uno de los compañeros del Profeta ﷺ que estaba encargado de llamar a la gente para la oración.

Las oraciones son realizadas en el amanecer, al medio día, la media tarde, el ocaso y la noche. El musulmán puede realizar la oración en casi todo lugar, tal como campos, fabricas, oficinas, universidades, etc.

3) Dar el *Zakat* (Ayuda para los necesitados):

Todas las cosas le pertenecen a Dios, y la riqueza por lo tanto ha sido colocada en las manos de los seres humanos tan solo para que la administren. El significado original de la palabra *Zakat* es "purificación" y "crecimiento". Dar el *Zakat* significa "dar un porcentaje especificado sobre ciertas propiedades a ciertas clases de gente necesitada". El porcentaje, que se hace obligatorio sobe

---

(1) Para mayores detalles sobre la palabra *Allah*, ver la página 57.
(2) Narrado en *Abu-Dawud*, #4985, y *Musnad Ahmad*, #22578.

el oro, la plata y el dinero en efectivo que haya alcanzado la cantidad (o el equivalente en dinero en el caso del efectivo) aproximada de 85 gramos de oro y que no haya sido utilizado en el transcurso de un año lunar, es del 2,5 por ciento. Nuestras posesiones son purificadas al reservar una pequeña porción de nuestros ingresos para los necesitados, y al igual que al podar un árbol, el corte equilibra y motiva un nuevo crecimiento.

Una persona podrá también dar tanto como quiera a manera de limosna o caridad.

4) Ayunar el mes de Ramadán:

Cada año durante el mes (lunar) de Ramadán,[1] todos los musulmanes ayunan desde la aparición del alba hasta el ocaso, absteniéndose de comer, beber y tener relaciones sexuales.

A pesar de que el ayuno es muy beneficioso para la salud, es considerado (por los musulmanes) principalmente como un método de autopurificación espiritual, pues el abstenerse por si mismo de los confortes de la vida terrenal, aunque sea por un tiempo corto, el ayunante crea una verdadera simpatía por aquellos que sufren el hambre, al mismo tiempo que crece en su vida espiritual.

5) El Peregrinaje a la Meca:

La peregrinación anual (*Hayy*) a la Meca es una obligación a

(1) El mes de Ramadán es el noveno mes del calendario islámico (que es lunar, no solar).

cumplir una vez en la vida, para aquellos que tengan los medios físicos y financieros de realizarla. Cerca de dos millones de personas van a Meca todos los años de todos los rincones del planeta. A pesar de que Meca esta siempre llena de visitantes, el *Hayy* anual comienza en el duodécimo mes del calendario islámico. Los peregrinos varones visten vestimentas especiales y simples (dos piezas de tela) que hacen desaparecer cualquier tipo de distinción cultural o de clases. A manera de que todos se presenten ante Dios sin diferencias.

Los ritos del *Hayy* incluyen circunvalar la *Kaabah* siete veces, ir siete veces entre las dos montañas de Safa y Marwa tal y como lo hizo Hagar madre de Ismael (La paz sea con él) en busca de agua. Después los peregrinos se reúnen en Arafa[1] para pedirle a Dios lo que deseen y para pedirle Su misericordia. La imagen de los creyentes con su blancas vestimentas, de pie en la montaña

Peregrinos rezando en la mezquita del *Haram* en Meca. En esta mezquita se encuentra la *Kaabah* (la construcción negra en la imagen) hacia la cual los musulmanes se dirigen cuando rezan. La *Kaabah* es el lugar de adoración que Dios mando a los profetas Abraham y su hijo Ismael construir.

---

(1) Un área en las cercanías de Meca.

de Arafa pidiendo la misericordia divina nos recuerda cómo será el Día del Juicio.

El final del *Hayy* esta marcado por un festival; *Eid-al Adha*, que es celebrado con oraciones comunales. Este festival y el del *Eid-al-Fitr*, que marca el final del mes de Ramadán, son los principales festivales del calendario musulmán.

El Islam en Latinoamérica y España

El mensaje monoteísta del Profeta Muhammad ﷺ no había cumplido su primer siglo de existencia cuando ya los primeros hispanos aceptaban el Islam como forma de vida en Europa. En el año 711 EC surgía en la historia la cultura andaluz y los emiratos islámicos del sur de Italia y el mediterráneo occidental le siguieron poco después. Por más de 800 años (dos veces más tiempo del que lleva la presencia ibérica en

La Mezquita en Córdoba, España.

América) el espíritu islámico trajo luz y tolerancia a la Europa medieval y la llevó de la mano hasta el renacimiento y la modernidad. Es así que las potencias ibéricas que conquistaron y colonizaron América traían un gran bagaje cultural islámico a principios del siglo XVI EC; esto se puede ver hoy en las grandes metrópolis coloniales, sus monumentos y la gran cantidad de términos árabes-islámicos en el castellano y el portugués.

A fines del siglo XIX, llegan a las costas de Iberoamérica los primeros emigrantes musulmanes del Medio Oriente. Estos hombres emprendedores lucharon para traspasar su creencia monoteísta a sus descendientes. Así vemos que, a mediados del siglo XX, la segunda generación de musulmanes, asentados en ciudades como San Pablo, Buenos Aires, Caracas y otras ciudades iberoamericanas, va organizándose en centros de difusión de la cultura y la religión islámica. En la segunda mitad del siglo pasado surge el creciente número de latinoamericanos que retornan al

Islam como forma de vida. Si contamos las distintas comunidades musulmanas en la península ibérica y Latinoamérica veremos que suman alrededor de dos millones y medio de personas. Sin embargo, el aumento de la población musulmana latinoamericana es constante y vertiginoso. En los EEUU, la comunidad latina musulmana es la que registra el mayor crecimiento en los últimos años; si mantiene esta tendencia, se convertirá en la mayor comunidad musulmana de los EEUU.

Los musulmanes latinoamericanos de hoy son parte activa de sus sociedades y enriquecen nuestra diversidad cultural con sus aportes en todos los campos. A lo largo de nuestra América Latina es bien reconocida su capacidad de integración y superación en los campos profesionales, académicos, técnicos y culturales. En todas las capitales y conglomerados urbanos de Latinoamérica, encontramos mezquitas que difunden el Islam, desde México hasta Argentina, incluyendo zonas de menor presencia árabe como Bolivia, Ecuador y Paraguay.

Para mayor información sobre el Islam

Si desea información adicional sobre el Islam, o si tiene algún comentario o pregunta, o si desea conseguir este libro en otro idioma, o más copias del mismo, por favor visite:

www.islam-guide.com/es

Sugerencias y Comentarios sobre este libro.

E-mail: ib-es@i-g.org • Tel.: (966-1) 454-1065 • Fax: (966-1) 453-6842 • PO Box: 21679, Riyadh 11485, Saudi Arabia

También puede contactar al autor si desea información adicional sobre el Islam.

❁ ❁ ❁

Referencias

Ahrens, C. Donald. 1988. *Meteorology Today* [Meteorología de Hoy]. 3ra ed. St. Paul: West Publishing Company.

Anderson, Ralph K.; y otros. 1978. *The Use of Satellite Pictures in Weather Analysis and Forecasting* [El uso de Imágenes Satelitales en el Análisis del clima y los pronosticos]. Genova: Secretarial of the World Meteorological Organization.

Anthes, Richard A.; John J. Cahir; Alistair B. Fraser; y Hans A. Panofsky. 1981. *The Atmosphere* [La Atmosfera]. 3ra ed. Columbus: Charles E. Merrill Publishing Company.

Barker, Kenneth; y otros. 1985. *The NIV Study Bible, New International Version* [La Biblia NIV de Estudio, Nueva Versión Internacional]. Grand Rapids, Michigan: Zondervan Publishing House.

Bodin, Svante. 1978. *Weather and Climate* [El tiempo y el Clima]. Poole, Dorest: Blandford Press Ltd.

Cailleux, Andre'. 1968. *Anatomy of the Earth* [Anatomia de la Tierra]. Londres: World University Library.

Couper, Heather; y Nigel Henbest. 1995. *The Space Atlas* [El Atlas del Espacio]. Londres: Dorling Kindersley Limited.

Davis, Richard A., Jr. 1972. *Principles of Oceanography* [Principios de Oceanografia]. Don Mills, Ontario: Addison-Wesley Publishing Company.

Douglas, J. D.; y Merrill C. Tenney. 1989. *NIV Compact Dictionary of the Bible* [Diccionario Compacto de la Biblia NIV]. Grand Rapids, Michigan: Zondervan Publishing House.

Elder, Danny; y John Pernetta. 1991. *Oceans* [Los Oceanos]. Londres: Mitchell Beazley Publishers.

Famighetti, Robert. 1996. *The World Almanac and Book of Facts 1996* [El Almanaque Mundial 1996]. Mahwah, New Jersey: World Almanac Books.

Gross, M. Grant. 1993. *Oceanography, a View of Earth* [Oceanografía, una Perspectiva de la Tierra]. 6ta ed. Englewood Cliffs: Prentice-Hall, Inc.

Hickman, Cleveland P.; y otros. 1979. *Integrated Principles of Zoology* [Principios Integrados de Zoologia]. 6ta ed. St. Louis: The C. V. Mosby Company.

Al-Hilali, Muhammad T.; y Muhammad M. Khan. 1994. *Interpretation of the Meanings of The Noble Quran in the English Language* [Interpretación de los significados del Noble Corán en idioma inglés]. 4ta ed. revisada Riyadh: Maktaba Dar-us-Salam.

The Holy Bible, Containing the Old and New Testaments (Revised Standard Version) [La Santa Biblia, con Antiguo y Nuevo Testamentos (Version Revisada Standar)]. 1971. New York: William Collins Sons & Co., Ltd.

Ibn Hisham, Abdul-Malik. *Al-Serah Al-Nabaweiah*. Beirut: Dar El-Marifah.

Departamento de Asuntos Islámicos, Embajada de Arabia Saudita, Washington, DC. 1989. *Understanding Islam and the Muslims* [Entendiendo al Islam y los Musulmanes]. Washington, DC: The Islamic Affairs Department, The Embassy of Saudi Arabia.

Kuenen, H. 1960. *Marine Geology* [Geología Marina]. New York: John Wiley & Sons, Inc.

Leeson, C. R.; y T. S. Leeson. 1981. *Histology* [Histología]. 4ta ed. Philadelphia: W. B. Saunders Company.

Ludlam, F. H. 1980. *Clouds and Storms* [Nubes y Tormentas]. Londres: The Pennsylvania State University Press.

Makky, Ahmad A.; y otros. 1993. *I'yaz al-Quran al-Karim fi Wasf Anwa' al-Riah, al-Suhub, al-Matar*. La Meca: Commission on Scientific Signs of the Quran and Sunnah.

Miller, Albert; y Jack C. Thompson. 1975. *Elements of Meteorology* [Elementos de Meteorología]. 2da ed. Columbus: Charles E. Merrill Publishing Company.

Moore, Keith L.; E. Marshall Johnson; T. V. N. Persaud; Gerald C. Goeringer; Abdul-Majeed A. Zindani; y Mustafa A. Ahmed. 1992. *Human Development as Described in the Quran and Sunnah* [El Desarrollo Humano como fuera descrito en el Corán y la Sunnah]. La Meca: Commission on Scientific Signs of the Quran and Sunnah.

Moore, Keith L.; A. A. Zindani; y otros. 1987. *Al-I'yaz al-'Ilmi fi al-Nasiah (The scientific Miracles in the Front of the Head)* [Los Milagros científicos de la frente de la Cabeza]. La Meca: Commission on Scientific Signs of the Quran and Sunnah.

Moore, Keith L. 1983. *The Developing Human, Clinically Oriented Embryology, With Islamic Additions* [El Humano en Desarrollo, Embriología orientada clínicamente, con Adiciones Islámicas]. 3ra ed. Jeddah: Dar Al-Qiblah.

Moore, Keith L.; y T. V. N. Persaud. 1993. *The Developing Human, Clinically Oriented Embryology* [El Humano en Desarrollo, Embriología orientada clínicamente]. 5ta ed. Philadelphia: W. B. Saunders Company.

El-Naggar, Z. R. 1991. *The Geological Concept of Mountains in the Quran* [El concepto geológico de las Montañas en el Corán]. 1ra ed. Herndon: International Institute of Islamic Thought.

Neufeldt, V. 1994. *Webster's New World Dictionary* [Diccionario Webster]. Third College Edition. New York: Prentice Hall.

The New Encyclopaedia Británica [La Nueva Enciclopedia Británica]. 1981. 15ta ed. Chicago: Encyclopaedia Britannica, Inc.

Noback, Charles R.; N. L. Strominger; y R. J. Demarest. 1991. *The Human Nervous System, Introduction and Review* [El

Sistema Nervioso Humano, Introducción y Revisión]. 4ta ed. Philadelphia: Lea & Febiger.

Ostrogorsky, George. 1969. *History of the Byzantine State* [Historia del Estado Bizantino]. Traducido del idioma Alemán por Joan Hussey. Ed. Revisada, New Brunswick: Rutgers University Press.

Press, Frank; y Raymond Siever. 1982. *Earth* [La Tierra]. 3ra ed. San Francisco: W. H. Freeman and Company.

Ross, W. D.; y otros. 1963. *The Works of Aristotle Translated into English: Meteorologica* [La Obra de Aristoteles traducida al idioma inglés:Meteorologica]. vol. 3. Londres: Oxford University Press.

Scorer, Richard; y Harry Wexler. 1963. *A Colour Guide to Clouds* [Una Guía Colorida de las nubes]. Robert Maxwell.

Seeds, Michael A. 1981. Horizons, *Exploring the Universe* [Horizontes, explorando el Universo]. Belmont: Wadsworth Publishing Company.

Seeley, Rod R.; Trent D. Stephens; y Philip Tate. 1996. *Essentials of Anatomy & Physiology* [Anatomia y fisiologia Escencial]. 2da ed. St. Louis: Mosby-Year Book, Inc.

Sykes, Percy. 1963. *History of Persia* [Historia de Persia]. 3ra ed. London: Macmillan & CO Ltd.

Tarbuck, Edward J.; y Frederick K. Lutgens. 1982. *Earth Science* [Ciencia de la Tierra]. 3ra ed. Columbus: Charles E. Merrill Publishing Company.

Thurman, Harold V. 1988. *Introductory Oceanography* [Oceanografía Introductoria]. 5ta ed. Columbus: Merrill Publishing Company.

Weinberg, Steven. 1984. *The First Three Minutes, a Modern View of the Origin of the Universe* [Los Primeros tres minutos, una opinión moderna sobre el Origen del universo]. 5ta impresión. New York: Bantam Books.

Al-Zarkashy, Badr Al-Din. 1990. *Al-Burhan fi 'Ulum Al-Quran.* 1ra ed. Beirut: Dar El-Marefah.

Zindani, A. A. *This is the Truth* [Esta es la verdad] (cinta de video). La Meca: Commission on Scientific Signs of the Quran and Sunnah.

La numeración de los Hadices:

La numeración de los *Hadiz*[1] en este libro está basada en las sigtes. numeraciones:

- *Sahih Muslim:* de acuerdo a la numeración de Muhammad F. Abdul-Baqi.

- *Sahih Al-Bujari:* de acuerdo a la numeración de *Fath Al-Bari.*

- *Al-Tirmidhi:* de acuerdo a la numeración de Ahmad Shaker.

- *Musnad Ahmad:* de acuerdo a la numeración de Dar Ihia' Al-Turaz Al-Arabi, Beirut.

- *Muwatta' Malik:* de acuerdo a la numeración de *Muwatta' Malik.*

- *Abu-Dawud:* de acuerdo a la numeración de Muhammad Muhi Al-Din Abdul-Hamid.

- *Ibn Mayah:* de acuerdo a la numeración de Muhammad F. Abdul-Baqi.

- *Al-Darimi:* de acuerdo a la numeración de Jalid Al-Saba Al-Alami y Fawwaz Ahmad Zamarli.

---

(1) Un *hadiz* es una transmisión confiable de los compañeros del Profeta Muhammad ﷺ de lo que dijo, hizo o aprobó.